贝 佐 斯
创新哲学

80 WORDS
成就
美好人生

[日] 桑原晃弥 著
周征文 译

人民东方出版传媒
People's Oriental Publishing & Media

东方出版社
The Oriental Press

图书在版编目（CIP）数据

贝佐斯创新哲学／（日）桑原晃弥 著；周征文 译．— 北京：东方出版社，2023.7
ISBN 978-7-5207-3425-7

Ⅰ.①贝⋯　Ⅱ.①桑⋯②周⋯　Ⅲ.①电子商务—商业企业管理—经验—美国　Ⅳ.① F737.124.6

中国国家版本馆 CIP 数据核字（2023）第 076440 号

INNOVATION WO OKOSU JEFU BEZOSU NO KOTOBA
Copyright ©2021 by Teruya KUWABARA
All rights reserved.
Illustrations by Masatoshi TABUCHI
First original Japanese edition published by Liberalsya, Japan.
Simplified Chinese translation rights arranged with PHP Institute, Inc.
through Hanhe International (HK) Co., Ltd

本书中文简体字版权由汉和国际（香港）有限公司代理
中文简体字版专有权属东方出版社
著作权合同登记号 图字：01-2023-0703号

贝佐斯创新哲学

(BEIZUOSI CHUANGXIN ZHEXUE)

作　　者：	[日]桑原晃弥
译　　者：	周征文
责任编辑：	贺　方
出　　版：	东方出版社
发　　行：	人民东方出版传媒有限公司
地　　址：	北京市东城区朝阳门内大街 166 号
邮　　编：	100010
印　　刷：	北京文昌阁彩色印刷有限责任公司
版　　次：	2023 年 7 月第 1 版
印　　次：	2023 年 7 月第 1 次印刷
印　　数：	1—6000 册
开　　本：	787 毫米 ×1092 毫米　1/32
印　　张：	6.25
字　　数：	105 千字
书　　号：	ISBN 978-7-5207-3425-7
定　　价：	54.00 元
发行电话：	（010）85924663　85924644　85924641

版权所有，违者必究
如有印装质量问题，我社负责调换，请拨打电话：(010) 85924602　85924603

前言
敢于挑战，无怨无悔

亚马逊的成长势头正在加速。在日本，被称为"蛰居消费"的网上购物也变得日益流行，亚马逊如今已成为日本人生活中不可或缺的企业。

亚马逊的体量巨大，其总市值高达惊人的1兆5000亿美元（2021年3月4日数据），比日本整个国家的预算还多。而独自创立该企业、并以CEO的身份（2021年2月转任董事会执行董事长）一手把它做大做强的，便是杰夫·贝佐斯。如今，他坐拥20兆日元以上的巨额财产，成为世界首富。

可纵观他创立亚马逊的1994年（1995年7月开始运营业务），几乎没人预想到他今日的成功。在他宣布退任CEO之职的邮件中，他回忆当年的创业岁月，其中写道"当时被

前言

人问得最多的问题,是'互联网是啥玩意儿?'"。可见,当时对普通大众而言,互联网完全是未知的事物。

在创立亚马逊之前,贝佐斯当时已是一家金融公司D.E.Shaw的年轻副总裁。当时他察觉到了互联网将来的急速发展前景,于是打算为"网上卖书"这个貌似"愚蠢的主意"赌上自己的未来。当时,D.E.Shaw的总裁大卫·肖恩劝他道:"你作为在顶级金融公司一路坐上如此高位、收获如此财富的人,不应该去冒这种险。"可贝佐斯回去考虑了48小时后,得出了如下结论:

"设想我以后80岁时,回忆自己过去的人生。我尽量不想留下遗憾。若我曾经挑战尝试了互联网商务这块庞大高深的领域,则即便失败了,我也无怨无悔。"

话虽如此,当时的他还是心存不安的——他的确相信自己的点子,但所估算出的成功概率也只有10%;哪怕成功了,收益也要长年累月后才能增长。换言之,在贝佐斯眼中,此番创业也是风险巨大,但他有个坚定的想法——"许多人并不是因为'做了什么'而后悔,往往是因为'没做什么'而后悔"。

亚马逊创立后,凭借优质服务获得急速成长。而在创立的短短两年后,便成功上市。可要知道,在那之前,亚马逊连续赤字。因为虽然销售额和用户数一直在增长，但旨在提升顾客服务质量的投资支出额更大。

随着互联网泡沫破灭、一批"劣币"出局后，亚马逊逐渐实现了盈利，但此时的贝佐斯比起创造收益，更着力公司进一步成长发展的投资。比如，如今业内市场份额全球第一的云服务"AWS"和电子书龙头品牌"Kindle"，都是当年他敢于下血本投资的结果。此外，他还成立了从事宇航事业的新公司，并在2015年收购了美国《华盛顿邮报》这家知名的报业公司，一时令世人震惊。

贝佐斯究竟为何能收获如此成功？究其原因：包括①坚持以顾客为中心思考问题；②不断创造发明；③以长远眼光看问题。这3点被统称为"3大原动力思维方式"。

对于"将来"，贝佐斯不喜通过列举数字等方式来具体阐述，但他坦言，无论从事何种事业，他都会坚持遵循上述3大思维方式。而本书所介绍的，正是他那使亚马逊走向成功的"原动力思维方式"以及坚信"失败乃革新源泉"的"不惧失败的活法"等。

如今可谓"未来不确定"的时代。身处这样的时代，人们往往会趋于规避风险，保守行事。可正因为未来不确定，才需要"以攻为守"，通过反复试错，让自己的创意成形。

前言

用贝佐斯的话来说,重要的是"踏出第一步"。

在阅读本书的过程中,如果发现了"这个我早知道"的内容,就请试着自问"自己是否行动过?";如果碰到了觉得"这个好像不错"的内容,就请尝试一下。通过此举,想必各位读者今后的人生会变得更为丰富。

若本书能为各位读者起到哪怕微薄的积极作用,本人便已荣幸之至。

在执笔本书的过程中,我得到了自由社(出版公司)的伊藤光惠女士、安田卓马先生和仲野进先生的鼎力相助。在此致以衷心感谢。

桑原晃弥

目录

第一章　不断发起革新

① 要让用户惊喜地大叫　/ 002

② 革新必须付出汗水　/ 004

③ 不惧怕死胡同，柳暗花明又一村　/ 006

④ 亚马逊让购物体验变得便利和舒适　/ 008

⑤ 想有所创意，就应关注功能　/ 010

⑥ 不便与低效中暗藏商机　/ 012

⑦ 若有创意，应先实践　/ 014

⑧ 干事业时，要有"革自己的命"的觉悟　/ 016

⑨ 不固守习惯　/ 018

第二章　不惧失败，姑且尝试

⑩ 革新需要失败的空间　/ 022

目录

⑪ 莫怕失败 / 024

⑫ 变化才是成长的原动力 / 026

⑬ 唯经"盲目",方成大果 / 028

⑭ 越是大企业,越要敢于冒风险 / 030

⑮ 通过考验,才算"真材实料" /032

⑯ 对于反对者,要敢于反问"为何不可?" / 034

⑰ 敢于正视失败的可能性 / 036

⑱ 养成"实物示人"的习惯 / 038

⑲ 对提案来之不拒 / 040

第三章　速度就是生命

⑳ 有的决定能推倒重来,有的决定不能 / 044

㉑ 有七成把握即可决断 / 046

㉒ 点子要精练,传达需简洁 / 048

㉓ 思考问题时要改变对"时间单位"的概念 / 050

㉔ 对顾客而言,时间亦是重要资源 / 052

㉕ 将计划付诸文字,便能视野开阔 / 054

㉖ 出手要快,但准备需万全 / 056

㉗ 即便发现机遇,许多人也不会付诸行动 / 058

㉘ 目标不可迷失,但计划要随机应变 / 060

㉙ 莫理会诸如"要花很长时间"之类的借口 / 062

目录

第四章　一切为了顾客

㉚　做贴近顾客的企业　/ 066

㉛　以"有过之而无不及"的态度努力　/ 068

㉜　比起竞争，应追求更好　/ 070

㉝　坚持改革，甩开对手　/ 072

㉞　弄清花钱的目的　/ 074

㉟　应关注的并非对手，而是顾客　/ 076

㊱　顾客会给你答案　/ 078

㊲　"报喜亦报忧"方为商道之正道　/ 080

㊳　比起宣传，应先完善用户体验　/ 082

㊴　得口碑者得天下　/ 084

㊵　吸引搜寻尖货的"猎人"　/ 086

㊶　一切取决于与顾客的"触点"　/ 088

㊷　即便遭遇危机，也要守住自家优势　/ 090

㊸　顾客的要求是"改进的启示"　/ 092

㊹　立志成为模范企业　/ 094

第五章　高瞻远瞩

㊺　革新创造少不了长期忍耐　/ 098

㊻　眼光放远，方知不可能实为可能　/ 100

㊼　不被外部评价所左右，专注于内部成长　/ 102

㊽ 大业务源于小点子 / 104

㊾ 着眼于“3 年后”而努力 / 106

㊿ “不仓促、不松懈”方为高效 / 108

(51) 不当时代宠儿，志在基业长青 / 110

(52) 有解决全部问题之策 / 112

第六章 发展第一，利润第二

(53) 不要为了眼下而牺牲未来 / 116

(54) 迅速成长，占据市场 / 118

(55) 要成长，须豪赌 / 120

(56) 做企业不是为了投资家，而是为了顾客 / 122

(57) 比起眼前利益，更需做大业务 / 124

(58) 把亚马逊打造成“无所不卖”的平台 / 126

(59) 鱼与熊掌就要兼得 / 128

(60) 战在当下，心系未来 / 130

第七章 打造优良的企业文化

(61) 成为保持“初创精神”的大企业 / 134

(62) 打造和维系企业文化 / 136

(63) 拍板前提出异议 / 138

(64) 在人才方面不可将就，要增加“人才密度” / 140

目录

㉓ 不断提高人才录用的门槛 / 142

㉖ 相信世界能改变 / 144

㉗ 辛勤工作,创造历史 / 146

㉘ 工作时不可心怀不满 / 148

㉙ 率先充当"问题捕手" / 150

⑰ 凭借"现地现物",看穿虚假数据 / 152

㉛ 越是身处顺境,越要具备危机感 / 154

㉜ 要竞争,就要拔得头筹 / 156

㉝ 优秀的企业文化才是能甩开其他公司的真正优势所在 / 158

㉞ 梦想要宏伟,但做事要脚踏实地 / 160

第八章 贝佐斯的人生观

㉟ 给未来留下遗产 / 164

㊱ 与谁交友,关乎一生 / 166

㊲ 唯有善解人意,才能让聪明的头脑真正发挥优势 / 168

㊳ 要判断准确,须睡眠充足 / 170

㊴ 习得还不够,要有能力创造 / 172

㊵ 坚信人类所具备的"知性力" / 174

参考文献一览 / 176

附录 杰夫·贝佐斯箴言 / 178

第一章 不断发起革新

WORDS OF
JEFF BEZOS

WORDS OF JEFF BEZOS

01

要让用户惊喜地大叫

我们必须做的，
是替用户创造发明。

苹果公司创始人史蒂夫·乔布斯曾说，"用户不会告诉你下一个革命性产品是什么"。换言之，在乔布斯看来，苹果公司的职责在于发现用户自身未能察觉的需求，并以此打造出优秀产品，让用户惊喜地大叫："（我一直想要的）其实就是这个！"

再看亚马逊于 2014 年发售的"Echo"（亚马逊智能音箱），用户只要说出"Alexa"这个名字，便能唤醒它，并用它进行各种遥控操作。该产品问世后热卖，但杰夫·贝佐斯说："（该产品）诞生之前，用户对它的需求是零。"换言之，假如在发售 Echo 之前询问广大消费者"您是否需要一款圆柱形的电子产品？只要对它讲话，它就能播放音乐等"，恐怕所有受访者都会回答"不需要"。可就是这样一款产品，一经上市，便成为热门话题，且销售火爆，甚至促使其他厂商也纷纷跟风推出类似产品。

贝佐斯坚信，亚马逊必须做的，不是追随其他公司推出"稍有亮点的产品"，而是替用户创造发明出他们"其实一直想要的产品"。

WORDS
OF
JEFF
BEZOS

02

革新必须付出汗水

公司内产生创意的过程其实焦灼艰辛,
灵感并非诸如"灯泡啪地一亮"的瞬间,
在脑中闪现。

经常有人说，日企的弱点在于不懂发起革新。那么，如何才能成为发起革新的企业呢？世人眼中的革新者们对此的回答往往冷淡无情。

比如史蒂夫·乔布斯的回答是"妄图将革新体系化是行不通的"。而杰夫·贝佐斯也断言"像漫画中所描绘的灵感奇迹并不会发生"。

贝佐斯还指出："公司内产生创意的过程其实焦灼艰辛，灵感并非诸如'灯泡啪地一亮'的瞬间，在脑中闪现。"

换言之，对他而言，革新并非突然而至的天降之物，而是通过实验不断测试一个个想到的点子，其中要经历令人厌烦的无数失败和修正，方能令创意成形。

可见，比起瞬间的灵感闪现，革新需要的是大量汗水和失败，以及不畏失败的韧劲儿。反之，那些一心只盼出现奇迹，等待"好的创意点子来敲门"的人，只能是竹篮打水一场空。

WORDS OF JEFF BEZOS 03

不惧怕死胡同，柳暗花明又一村

不经穷途末路，何来革新。

挑战新事物，总会伴随不安。史蒂夫·乔布斯在回忆年轻时主导"Macintosh"（苹果公司最早的一体式个人电脑）开发项目的3年岁月时，曾不禁感言：

"那就好比依靠一个月才给你指一次方向的罗盘针，穿越热带雨林。至于前方究竟是河流还是山川，或者是蛇的巢穴，你根本无法预测。"

一边期待"或许能干成一生为傲的大事业"，一边克服"前途不明"的不安，这便是革新的本质。对许多人而言，这样的不安感是可怕的，但杰夫·贝佐斯告诉员工"这（不安）才是关键"。

他阐释道："革新之路，势必伴随死胡同。不经穷途末路，何来革新。而且有时看似狭窄的死胡同，结果走着走着就豁然开朗，柳暗花明。"

要想柳暗花明又一村，就需要大量的挑战和尝试。当然，有时即便如此努力了，其结果依然是失败，抑或走入完全没有出口的死胡同。但贝佐斯坚信，"陷入死胡同也是有价值的"。因为唯有不惧失败和穷途末路的挑战成果，才称得上革新。

WORDS OF JEFF BEZOS 04

亚马逊让购物体验变得便利和舒适

人趋于简单方便,

越是轻松愉快的事,就越愿意去做。

对于纸质书，贝佐斯曾说道："除了纸质书别无选择的状况，着实令我烦躁，因为太不方便。"他的理由是，"不得不一页一页地翻""往往在不想把书合上时，书却啪的一下自己合上了"。

贝佐斯是超出常人的阅读爱好者，可谓"书虫"，但他也因此发现了纸质书的优点和缺陷。对于亚马逊推出的电子阅读设备"Kindle"，他所强调的该设备的优点包括"容易携带，屏幕较大方便阅读，还能联网，又能保存大量书籍"。此外，他还坦言道："如果想让用户多看书，只要把看书这件事变轻松即可。这便是我们的目标。"

而对于亚马逊推出的各种服务，贝佐斯的理念亦相同，贯彻了"让购物更便利、更舒适"的方针。其理由是"人趋于简单方便，越是轻松愉快的事，就越愿意去做"。

换言之，对人而言，越方便越好，越舒适越好。而不断满足人的这种本性，便是亚马逊成功的原因之一。

WORDS OF JEFF BEZOS

05

想有所创意，就应关注功能

没人规定书这种东西必须永远通过砍树、制纸、印刷的流程来生产。

在思考创意和点子时，不要拘泥于"形态"，而应关注"功能"，这样有助于实现飞跃性的创造发明。就拿如今普及的演讲用激光笔来说，正是针对传统的指示棒（教鞭）进行思考分析的产物，而在该分析过程中，发明者并不拘泥于指示棒的形态，而是聚焦于它的功能——棒尖指点。

再看亚马逊，其创业的"老本行"是在网上卖纸质书。而在2007年，其发售了Kindle。而在4年后的2011年，在美国亚马逊网站上购买电子书的用户已经超过了购买纸质书的用户。

在研发Kindle时，据说贝佐斯曾自问"自己为什么喜欢透着一股油墨味儿的图书？"，思考后的答案是"因为图书里有自己为之神往的世界"。换言之，他发现了本质——自己真正喜欢的并非"作为印刷制品的书籍"本身，而是"书中的内容和思想"。

假如拘泥于书本"纸张集合体"的外形，便无法做出超越它的东西。可一旦关注其"传达内容和思想"的功能，便能做出优于纸质书的替代品。而贝佐斯正是通过弄清"书的本质"，发明了电子阅读设备Kindle，从而在阅读领域掀起了革命。

WORDS OF JEFF BEZOS 06

不便与低效中暗藏商机

凡是"低效率的大规模行业",
就有商机存在。

贝佐斯当年决定在电商领域创业时，列出了一张"最适合网上售卖的商品"的图表，表上有20种商品。起初，图书在该图表中排末尾，后来却跃居首位。

因为贝佐斯后来发现书店售书这种商业模式"难言合理"。尽管图书市场规模巨大，可却没有出现绝对占业内龙头位置的出版社和书店，且许多已发货的图书还会被退回，所费劳力与利润不成比例。鉴于此，贝佐斯认为，市场如此巨大，商业模式却欠合理，如果凭借更能满足消费者需求的高效模式入场，则商机可期。

亚马逊的云服务"AWS"（Amazon Web Service 的缩写）亦是如此。该服务于2006年推出，当时该行业也是"规模巨大，效率低下"，因此贝佐斯认为"我们能比竞争对手做得更好"。可见，若能将低效变高效，则必有商机。关键要看准一个行业的"规模"以及"内涵和效率"。

WORDS OF JEFF BEZOS

07

若有创意，应先实践

如果将实验次数从 100 次增至 1000 次，那么实现创新的概率也会大为增加。

在这个变化激荡的时代，企业要想在竞争中胜出，就需要不断发起革新。为此，"一有创意就先实践"的"实验力"不可或缺。纵观革新者，其中有不少自幼便喜欢做实验，而这种"实验力"在某种程度上成就了他们日后的创业和革新。贝佐斯亦不例外，他有如下阐述：

"我激励员工敢于走入死胡同，敢于不断实验。为此，我致力于让他们在减少单次实验成本的同时，增加实验次数。如果将实验次数从100次增至1000次，那么实现革新的概率也会大为增加。"

比如，在正式运营亚马逊之前，贝佐斯通过反复的公开测试版，不断解决问题。而在正式推出新产品和新服务之前，他都会进行对比实验——让一半受访用户使用处于测试阶段的新产品或新服务，让另一半受访用户使用既有的产品或服务，从而比较二者的反馈。

换言之，贝佐斯的做法是——在有限的时间内尽可能多地开展实验，从而确认相关产品或服务是否真的够好，若有需改善之处，则不断改善。

WORDS OF JEFF BEZOS 08

干事业时，要有"革自己的命"的觉悟

能够接受"推新除旧"，
是我们的最大优势。

史蒂夫·乔布斯有句话一语中的:"如果自己不革自己的命,早晚会被别人革掉命。"获得成功的企业和组织,有时不得不否定曾给自己带来成功的产品或服务,可在现实中,这种"自我否定"很难做到。

但企业或组织长青的关键恰恰在此——不是靠给既有的成功产品或服务"续命",而是为了消费者和用户创造出更好的新产品或服务。即便其结果会影响自家既有产品或服务的销路,甚至使它们消亡,也是没有办法的事。再看贝佐斯对亚马逊的"自我革新"之企业文化的如下阐述:

"能够接受'推新除旧',是我们在企业文化方面的最大优势。"

当年在研发电子阅读设备"Kindle"时,贝佐斯对项目负责人指示道:"你的工作是干翻咱们的既有业务。要记住,你要努力抢走卖实体纸质书的所有人的饭碗。"

而正是由于具备这种"革自己的命"的觉悟,亚马逊才成功开拓出了电子书市场。

WORDS OF JEFF BEZOS 09

不固守习惯

企业往往有所谓"习惯做法",
故而对"新的方式方法"较难适应。

1997年，美国首屈一指的实体连锁书店巴诺（Barnes & Noble，简称B&N）宣布开展网上售书业务。当时，眼见亚马逊在网上售书领域大获成功的巴诺，匆忙地与网络服务提供商AOL签订独占协议，旨在提供与当时的亚马逊同量级的服务，包括超过百万种的书籍、快速的物流配送，以及高达30%的折扣率等。

但贝佐斯当时对此持冷眼旁观的态度，他点评道："巴诺进军网上售书并非出于主观能动，而是被我们所逼。"

当时有一些业内专家等分析人士看好巴诺的既有优势，但贝佐斯则认为"巴诺即便要成功，也得花很长时间"。他的理由是，各企业都有自己基于成功经验的"习惯做法"，要想引入新的方式方法，其实往往较难适应。

结果不出贝佐斯所料，巴诺之后的业绩迟迟未有起色，最后于2019年6月被投资公司艾略特（Elliott）收购。可见，企业和个人相似，都趋于固守习惯。而大企业难以发起革新的原因之一，其实就在其中。

第二章 不惧失败，姑且尝试

WORDS OF
JEFF BEZOS

10

WORDS OF JEFF BEZOS

革新需要失败的空间

我们与其他公司的最大不同在于对"失败"的看法,
我们也许是"全世界最适合制造失败"的公司。

希望革新的企业经营者或管理层往往会鼓励年轻员工"别害怕失败,要敢于挑战尝试"。

这种给年轻人打气的话语的确不错,可实际上因此敢于挑战尝试的年轻员工并不多。这是为什么呢?

因为挑战尝试常常伴随着失败。所以说,关键在于企业对失败的态度。若上司推卸责任,"甩锅"给下属"这都怪你自作主张",甚至因此给下属降职或调离等严苛处分,那么任谁都不愿挑战尝试。

要想让年轻员工敢于挑战、愿意尝试,企业就要营造贝佐斯所提倡的"适合失败=无论怎样失败都无妨"的职场文化。正所谓"失败与革新天生一对",若不经失败,便不可能发起革新。

可见,企业虽不必夸赞失败,但至少要视失败为"学习的机会",在此思想基础上真心鼓励员工挑战尝试。唯有如此,企业才能实现革新。

WORDS
OF
JEFF
BEZOS

11

莫怕失败

亚马逊网站曾经历数次失败，
损失达数十亿美元。
失败绝非乐事，但也非世界末日。

在观察成功者时，许多人一味关注其结果，却忽视其辛苦的过程及失败的历史。亚马逊于 1995 年正式对外开展网上售书业务，两年后进行公开募股。如今它已成为全球位列前茅的大企业，因此其"成功史"也成为人们津津乐道的对象。可其实在其创业和发展过程中，曾多次经历失败。

比如旨在与 eBay 抗衡的"亚马逊网上拍卖"便惨遭失败，而推出的智能手机"Firephone"也以恶评和惨淡销量收场，且二者皆令亚马逊蒙受巨大损失。但就拿研发 Firephone 的团队来说，其后研发出的"Echo"（亚马逊智能音箱）和"Alexa"（亚马逊个人语音助理）则大获成功。可谓从失败中获得教训后逆袭成功的典型。

用贝佐斯的话来说，比起"不失败"，更重要的是"从失败中获得教训后大获成功"。只要能做到这一点，无论失败多少次，无论损失多大，他都会充满自信地说"失败并非世界末日"。

可见，要想实现亚马逊般的大幅成长，就需要具备这种"不怕失败"的心态。

WORDS OF JEFF BEZOS

12

变化才是成长的原动力

不持续实验的企业,
不容忍失败的企业,最终会陷入绝望境地。

丰田公司对员工不断强调"3年不变，公司倒闭"。

这源于其"改善"的思想，"今天好过昨天，明天好过今天"——在如此日积月累的改善下，才有了今日的丰田。

话虽如此，但大多数人对于"改变既有习惯"往往心存抗拒。新方法与老惯例，二者相比，想必人们大都选择后者。的确，后者较为轻松，且不易失败。可这世界在变化，竞争对手在变化，消费者的爱好也在不断变化，若企业固守习惯，则等于倒退。

再看亚马逊，之所以能够引领市场、持续被消费者和用户垂青，是因为其不断发起革新。为此，贝佐斯认为，持续性的实验以及不惧失败的挑战精神不可或缺。换言之，持续实验、不惧失败的企业能够应对变化；而害怕失败、不思求变的企业则早晚会"气数已尽，听天由命"。

可见，企业要想不断成长、不断胜出，最关键的是要拥抱变化，视变化为理所当然。

WORDS OF JEFF BEZOS

13

唯经"盲目",方成大果

天平的一端如果是效率,
那么另一端就该是盲目。

在工作中，人们往往会趋于追求"效率"。的确，如果所有工作都能高效完成，则既减少了无谓消耗，又能促进在较短时间内出成果。

贝佐斯亦如此——他厌恶无谓消耗，并最为看重速度。但另一方面，他又认为"仅凭效率并不能产出大成果"。他的具体观点是，当目标明确、前途清晰时，只要高效行动即可；可当目标只是诸如"为了用户"之类的模糊图景时，有时便难免混乱或跑题；可唯有途经这样的"盲目迷航"，才能最终抵达目的地。

用他自己的话来说，"天平的一端如果是效率，那么另一端就该是盲目。要想获得超脱既有框架体系的特大发现，就极为需要一时的盲目和迷途"。

无论何种工作，都很少能朝着目标直线地一马平川，因此关键要在经历失败、迷途及反复试错后，发现自己所体悟的正确答案。哪怕一时效率低下，个中收获也是大有裨益。

WORDS OF JEFF BEZOS

14

越是大企业,越要敢于冒风险

所谓巨大风险,
其实也是作为大企业的我们向用户和社会所能付出的一部分。

亚马逊的云服务"AWS"如今是同行业内的翘楚，其相应市场份额比 IBM、微软、谷歌这 3 家加起来都大。就拿日本来说，通过 AWS 实现的网络服务也是各式各样。可在当年 AWS 刚推出时，其风险巨大，乃至被许多人视为"绝对无法实现盈利的业务"。

但贝佐斯一直坚持往 AWS 里"砸钱"，最终使之成为许多大公司的云服务选择，而且是无数企业及个人不可或缺的服务。

企业规模越大，似乎越趋于保守、不愿冒险，可贝佐斯却明确强调"越是大企业，越要敢于开展与自身体量相称的实验"。他的理由是，"所谓巨大风险，其实也是作为大企业的我们向用户和社会所能付出的一部分。"

大企业拥有初创企业不可企及的资金和技术，也不会像初创企业那样由于一次失败而受"致命伤"。正因如此，贝佐斯认为，大企业必须承担风险，不断大胆地挑战尝试，从而持续为用户和社会提供优秀的产品和服务。

WORDS OF JEFF BEZOS

15

通过考验，才算"真材实料"

许多企业并未经历过痛苦时期，
从该意义层面看，
它们尚未通过考验。

有不少年轻人羡慕创业成功者。而许多创业成功者指出，在企业经营中，"强烈的热情"不可或缺。

企业经营不会永远一帆风顺。有时企业家会受到批判、孤立无援，有时企业家又不得不作出诸如裁员等痛苦决断。此时若没有坚定的愿景和强烈的热情，是很难撑下去的。

就拿贝佐斯来说，虽然他在创立亚马逊不久后就让公司成功公开募股，可谓顺风顺水的开门红，可到了互联网泡沫破灭期，他便跌入挫折。当时，在泡沫繁荣期试图发财的入场者纷纷撤出该领域。而在亚马逊，有的员工能力很强，但公司迫于形势也只能将其解雇；有的员工则感觉公司前途暗淡，因此主动辞职。对贝佐斯而言，那是一段"忧愁黑暗"的岁月。可在克服了那段艰苦时期后，大众才开始视亚马逊为"真材实料"的企业，视贝佐斯为"货真价实"的企业家。对此，他自己的感言如下：

"许多企业并未经历过痛苦时期，从该意义层面看，它们尚未通过考验。"

可见，通过考验所得的经验，才能使企业和个人成长。

WORDS OF JEFF BEZOS

16

对于反对者,要敢于反问"为何不可?"

在商业领域中,经常有人问"为何要这么做"。既然如此,那么"为何不能这么做"的提问亦有同样的正当性。

亚马逊创立时的口号是"做全球最大书店",可随着公司的成长发展,其开始售卖"除图书以外"的各种商品。不仅如此,之后还推出了名为"AWS"的云服务,以及诸如电子阅读设备"Kindle"等硬件产品。为此,亚马逊投入了大量资金和人才。

可对于贝佐斯的上述方针,也曾一度有不少反对声音。比如,"公司明明处于必须加速海外扩张的局面,可为何现在要搞这种项目?"对于这种"看似在理"的质疑,贝佐斯总是答道"因为需要"。

在他看来,在商业领域,如果诸如"为何要这么做?"的问题属于"好问题",那么诸如"为何不能这么做?"的提问亦有同样的"正当性"。

换言之,假如创意优秀,并具备实现的技术和优势,则哪有"不做"的道理?此时,若反对者问道"为何要做?"便大可反问"为何不能做?"此时,如果反对者的回应缺乏切实的说服力,则大可像贝佐斯那样采取"管他呢"的态度。

WORDS OF JEFF BEZOS

17

敢于正视失败的可能性

一旦做好了失败的心理准备,
心态就能放松。

贝佐斯当年创立亚马逊时，不仅投进了自己的钱，还受到了父母的大额资助。在这种情况下，一般人往往会说"放心，我定会取得成功"，可贝佐斯则不同——不仅对自己父母，就连对其他人，他当时都坦诚直言道"成功概率有 10%"，甚至还说"若没有亏钱的心理准备，就不该给我投资"。

对此，他的理由很简单——"在向亲戚朋友集资时，较为明智的做法是'从一开始就告知他们（投资结果）最坏的可能性'。如此一来，哪怕之后生意失败，大家的情谊还在，依然能在感恩节同桌聚餐"。

贝佐斯当年认真深入调研，并制订了切实明晰的事业计划，从而创立了亚马逊。但他并非确信自己会百分百成功，而是同时考虑到了失败的可能性，并做好了为取得成功而打"持久战"的心理准备。而这种心理准备，正是贝佐斯认为的关键因素。

用他的话来说，"一旦做好了失败的心理准备，心态就能放松"。

一个人一旦过度恐惧失败，就难以作出成功所需的"风险决断"。而贝佐斯正是由于敢于正视失败的可能性，才使亚马逊走向了成功。

WORDS
OF
JEFF
BEZOS

18

养成"实物示人"的习惯

我很看好这项新科技。

至于它究竟如何,请看了实物再说。

新事物和新做法往往会伴随着反对声音。而说服持反对论者的最好办法，就是实际做给他们看。是好是坏，百闻不如一见。

就拿贝佐斯来说，他大学毕业后入职的第二家公司"Bankers Trust"可谓"站在电算与金融的十字路口"的金融服务企业。他入职时便是副总裁助理。而在 26 岁时，已晋升为公司最年轻副总裁的他，开发出了一套系统。通过该系统，企业客户能够用电脑实时查询其委托管理运作的养老金或投资信托的创收业绩，这在当时是划时代的。

这与之前向客户们定期邮寄报告书的方式截然不同，所以自然也招来了一些反对声音。贝佐斯当然能够用嘴驳倒他们，可他当时并未这么做，而是宣言道："我很看好这项新科技。至于它究竟如何，请看了实物再说。"而在实际完成并展示该系统后，他证明了"反对者们是错的"。

而后来创立亚马逊后，贝佐斯也鼓励员工"先试着做出实物"。因为"让他人通过眼观实物来判断对错好坏"是最为明智的做法。

WORDS OF JEFF BEZOS

19

对提案来之不拒

洋溢着"敢于挑战尝试"之精神的企业文化令人欣喜。

革新所需的是"有点子姑且先尝试"的态度,以及"虽不称赞失败,但鼓励挑战"的企业文化。

贝佐斯将"创造发明"视为亚马逊的重要特质之一。且自创业起,他便努力打造"不惧失败,敢于挑战尝试"的企业文化。对于工作成果出色的员工,贝佐斯甚至会为其搞一出"行为表演"——他会跪在该员工的办公桌前,毕恭毕敬地"呈上"单只旧的耐克运动鞋。据说这是取耐克广告语"Just Do It(说干就干)"之意。

挑战和尝试往往伴随着失败,但在贝佐斯看来,这总好过什么都不做,而且只要回避了致命的失败,还能从失败中学到许多东西。对此,他有如下阐述:

"洋溢着'敢于挑战尝试'之精神的企业文化令人欣喜。这与'令行禁止'的制度法规正相反,可谓一种'令行允许'。"

换言之,无论何时,若能对提案来之不拒,则下一步只要思考"如何实现"即可。

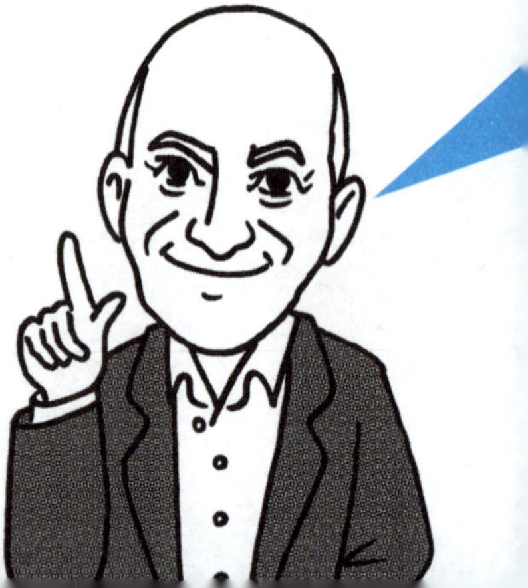

第三章 速度就是生命

WORDS OF
JEFF BEZOS

WORDS OF JEFF BEZOS

20

有的决定能推倒重来,有的决定不能

若决定的结果不尽如人意,
则大可不必一直承受该结果。
重新开门走回原处即可。

当必须作出决定时，为何人们往往会迟疑不决呢？其深层心态是"不想因决断失误而后悔"。其实有一种方法能根除这种优柔寡断。

贝佐斯把决定比作"门"，一种是日后难以回头的"只进不出的门"，另一种是日后在发现错误后可以变更或回到原点的"进出自由的门"。

可问题在于，几乎所有的普通人和企业经营者对它们都不加区别，误认为所有决定都是"只进不出的门"，于是，对于明明能够简单下的决定，他们却再三拖延；对于能够简单推倒重来的决定，他们却说什么"撤回既定之事是耻辱"。于是常常一路走到黑，让损失不断扩大。

一听到"要作出决定"，许多人往往会变得紧张。其实，首先要分析该决定究竟是"只进不出的门"还是"进出自由的门"。若是后者，则应尽量迅速决定并实施。在此基础上，若发现"存在错误"，则大可立即反省并推倒重来；若发现"情况良好"，则便可大力贯彻。通过此举，便可获得速度的优势。

WORDS OF JEFF BEZOS

21

有七成把握即可决断

一般来说，只要获得了所求信息的七成，大概就已是应作决定的时候了。
若等到信息增至九成，基本上为时已晚。

"若等到一切条件具备，则为时已晚""开会全场一致同意等于时机已过，有七成赞成时便是出手的好时机"——这些都是亚马逊公司内所强调的理念，其所针对的方面是"决策时机"。

当然，具体的决策时机要视具体项目而定，但有一点很明确——所谓"所有条件齐备"、"判断素材全部到位"以及"全员赞成"之类的状态，其实标志着彻底的"为时已晚"。

明明如此，可许多企业却经常以"条件还不完善""判断材料尚不充分"为由，对新项目和新计划予以否决。其深层因素是对风险的恐惧，以及决策人不愿担责的"明哲保身"心理。但在贝佐斯看来，当今商界，像"花费大量时间作决断"这种奢侈行为已不被现实所允许。

若等到"一切到位"再作决定，对于风险的不安是消除了，可同时也"为时已晚"。虽说轻率出手有时会栽大跟头，但若花费过长的时间考虑决策，则本应能成之事，也会以失败告终。

WORDS OF JEFF BEZOS

22

点子要精练,传达需简洁

我们公司不用 PPT 演示,
而是用 6 页以内的叙述性文档。

在会议或演示时，有的人会在展示资料中加入大量图表，甚至搞出数十页的PPT，在与会者面前侃侃而谈，说个没完。其所付出的劳力自然较大，但这耗费时间的说明或演示究竟是否真有相应效果，则是个很大的问号。

与之相对，贝佐斯则要求作为企划者的员工用"6页以内的叙述性文档"进行演示或说明。该摘要中所归纳的内容包括项目背景、项目重要性、对于常见问题的回答、顾客画像、对顾客带来的好处等。开会时，与会者们先用30分钟熟读该摘要，然后向企划者提出各种与该摘要相关的尖锐问题。

该摘要虽只有短短6页，但企划者会花费大约1周时间来写它。不但写完后会修改，而且还会在听取同事意见后再度改动，如此反复。在贝佐斯看来，如此费时费力产出的短短6页，质量自然较高，而会议也会变得有意义。

换言之，企划者应具备的特质是"点子精练""传达简洁"。唯有具备这两点，好企划才能诞生，迅速的决策决定也才会成为可能。

WORDS OF JEFF BEZOS

23

思考问题时要改变对"时间单位"的概念

当今时代,

"10分钟"已是较长的时间。

贝佐斯的特质在于"短期实行"以及"长期思考"。二者看似矛盾，但其实质是"若有好点子或创意，勿要拖延，立即行动"的理念，以及"对相关成果不焦不躁，愿意花费3年、5年乃至7年时间达成目标"的志气和耐心。而此二者的兼具，正是贝佐斯强大的秘密所在。

而他的许多逸事，都体现了他对时间的重视和执着。

比如当年亚马逊在筹备公开募股时，按照证监会规定，身为企业领导的贝佐斯在7周内不得接受各路采访。对此，他惊讶道："互联网行业的7周，相当于现实世界的7年。居然要我停摆7年，（这种规定）简直令人难以置信。"

而当有人要求他对将来作出数字层面的预测时，他回应道："在如今的大环境下，哪怕思考20分钟后的未来，都是徒劳之举。"而在一次接受采访时，他甚至说道："当今时代，'10分钟'已是较长的时间。"

可见，要想与亚马逊竞争或抗衡，就需要这般"速度感"。

WORDS OF JEFF BEZOS **24**

对顾客而言，时间亦是重要资源

从 20 世纪后半叶起，

就有人提出"时间是最为宝贵的资源"。

而我一直是该理念的践行者。

时间对人人平等，它对谁都不会多给一点，也不会少给一点。对想成事者而言，时间永远是最大的制约条件，此为亘古不变的道理。而重视时间的贝佐斯自然亦不例外——从当年创立网上书店起，他就一直遵循该道理。

对此，他曾说道："从20世纪后半叶起，就有人提出'时间是最为宝贵的资源'。而我一直是该理念的践行者。如果你能为顾客节省金钱和时间，自然能获得大家的厚爱。"

而亚马逊的起步业务正是该思想的实际体现——用户在网上书店买书时，无法像在实体书店那样闻到书本的油墨味儿，也无法随意地信手翻看，但可以便宜、便捷、快速地买到自己想要的书。

至于偏好哪方面，属于个人的主观问题，但在"节约时间"方面，与实体书店相比，亚马逊具有压倒性优势。

许多人珍惜自己的时间，但想到要珍惜别人的时间乃至广大顾客时间的人，却意外地少。而贝佐斯重视时间之思维的延伸，创造了为广大读者提供便利并省去传统购书流程和时间的商业模式，而该模式成就了亚马逊。

WORDS OF JEFF BEZOS

25

将计划付诸文字,便能视野开阔

现实绝无可能完全如计划般顺利。
但通过将计划付诸文字的训练,
自己的思维和心态便能获得梳理,
还能舒畅心情。

正如"PDCA 循环"理论所言，在实施行动之前，应制订明确计划。这是商业管理领域的一大理论，但除此之外，另一大重要课题是"当计划与现实出现偏差时，应该怎么做"。

在创立亚马逊之前，性格一丝不苟的贝佐斯曾制订了长达 30 页的商业计划书。

在该计划书中，他写下了两种企业发展的"剧本"——一种是稳定化的缓步成长，另一种是戏剧性的急速成长。可后来的实际情况是，不仅两种剧本的数字都立即达成，而且持续的剧烈变化和成长完全在计划之外——"一周前定下的事情，到了下周就不得不调整了"。贝佐斯坦言，当时的网民对新事物的喜好远远超出了他的预估。

另一方面，他还强调如下：

"在变化迅速、新任务层出不穷的时代，若如奴隶般一味遵循自己过去所订的计划，则实属愚蠢之举。"

可见，亚马逊的成功源于贝佐斯的"计划力"以及"不拘于既定计划并持续追求'快速做大做强'"的态度。

WORDS OF JEFF BEZOS

26

出手要快,但准备需万全

在亚马逊,唯有准备到位后,
才会启动新业务。

互联网事业的一大特征是"边做边改"。即先推出产品或服务，然后根据用户意见不断改进。

但贝佐斯主张"哪怕紧急，也要从一开始就追求完美"。2012年10月，亚马逊正式运营日本版"Kindle书城"时，有记者提出质疑："为何在当初宣布推出的4个月后才正式运营？"贝佐斯对此答道："在亚马逊，唯有准备到位后，才会启动新业务。"

至于具体的相关准备工作，他提到了关乎技术细节的各个方面，包括"如何使页面上显示的日文更为美观"等。的确，当年创立亚马逊时，贝佐斯虽然认为"必须抢在互联网大潮来临前"，但他还是花了将近1年时间来细心筹备正式运营，包括其间进行的公测等。这体现了他的"完美主义"。

得益于此举，在服务正式运营后，几乎未发生严重的新问题。可见，在贝佐斯看来，干事业虽应求快，但"粗劣幼稚"亦不被允许。

WORDS OF JEFF BEZOS 27

即便发现机遇,许多人也不会付诸行动

既然年成长率已高达 2300%,
就必须立即行动。
这种"紧迫感"是最重要的优势。

早在1994年年初，贝佐斯便察觉到了互联网的急速成长。当时通过调查各网站的使用状况（即流量），贝佐斯发现，在电子商务领域，"年成长率已高达惊人的2300%"。直觉告诉他"虽然其目前还属于大众未知的冷门，但未来势必会进入千家万户"，于是他立即采取行动——同年7月，他成立公司，次年（1995年）7月启动了亚马逊的业务。他的理由如下：

"既然年成长率已高达2300%，就必须立即行动。这种'紧迫感'是最重要的优势。"

当时，大街小巷遍布各色书店，假如这些书店老板都想到了"网上售书"的点子，则在该行业毫无基础的贝佐斯便只能歇菜了。

换言之，要做，就要先人一步，且必须尽早做大做强。这份心念，成了当年激励贝佐斯的动力。

英文世界有句老话叫"机会稍纵即逝，只给先行者"。换言之，若错失眼前的机遇，则它几乎不会再来。

WORDS OF JEFF BEZOS **28**

目标不可迷失，但计划要随机应变

对愿景要顽固坚持，

但对细节要灵活弹性。

比起计划，谷歌更重视机遇，因此在当初成立时，其创始人根本没有事业计划。但贝佐斯则不同，自创业起，他便制订了明确的事业计划，可现实却在好的意义上"打破"了他的计划——起初预设的"稳定化的缓步成长"和"戏剧性的急速成长"这两种"剧本"，都超出预期地在短时间内实现。

但无论事业的实际进展如何，贝佐斯都一直忠于自己所描绘的愿景。该愿景包括三方面：以顾客为核心；持续创造发明；以长远眼光看问题。对于将来会进军哪个行业，以及想达到何种规模等，他未曾明说，但对于上述三方面，他坚决表示会"一直恪守"。他的一句话十分到位地体现了他的这种理念——"对愿景要顽固坚持，但对细节要灵活弹性"。

一个企业需要兼具这种"顽固"和"灵活"。坚持应该坚持的，变通应该变通的。唯有做到这一点，企业方能不断成长。

WORDS OF JEFF BEZOS 29

莫理会诸如"要花很长时间"之类的借口

48小时就应该能完成了。
这是我的命令,着手去实现吧。

改变我们生活的革新者的一大特征,是对速度的执着。微软创始人比尔·盖茨当年在验收下属的成果时,会不近人情地批评下属道:"你怎么就不早两天实践这个点子呢?"而且他在说这样的话时,几乎不在意对方的感受。而史蒂夫·乔布斯亦类似,面对下属"该项目需要3个月"的回答,他放话道:"听着,我想要你一个晚上搞出来。"

而贝佐斯也是个"说干就干"的人。1998年,当时亚马逊网站图书销量榜的更新频率是24小时一次,贝佐斯想加快到1小时更新一次。如今这类数据都能做到实时更新,大家或许觉得稀松平常,可在那个年代,对于他的这个点子,在场的员工都觉得是"痴人说梦"。当时,贝佐斯对他们说道:"48小时就应该能完成了。这是我的命令,着手去实现吧。"

许多企业在决策"做还是不做"时,往往会耗费较长时间。与之相对,贝佐斯的特质在于"迅速决断,努力实现"。换言之,一旦脑中浮现出了好点子,哪怕遭人非议,哪怕难度极大,也要拼命努力去实现。假如实在行不通,到时候大方地承认错误并作罢即可。贝佐斯的这种充满"速度感"的行动理念和模式,正是促成亚马逊急速成长的关键因素。

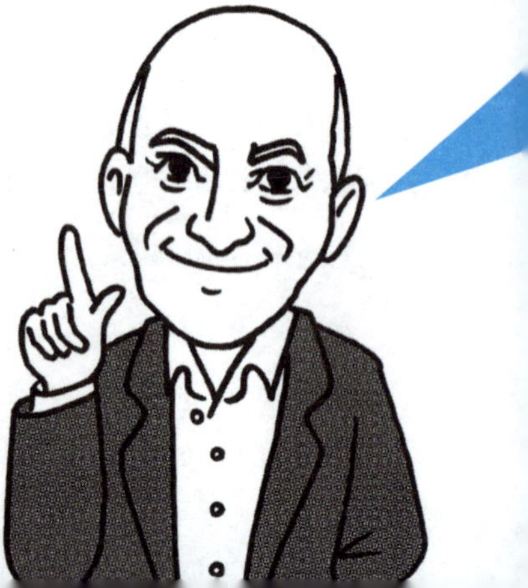

第四章 一切为了顾客

WORDS OF
JEFF BEZOS

WORDS OF JEFF BEZOS

30

做贴近顾客的企业

直到现在,
我依然保留着可以收到顾客邮件的邮箱。

有一位企业经营者曾说道:"企业的组织构架不该是领导在上的金字塔结构,而应该是顾客和与他们直接打交道的一线员工在上的倒金字塔结构。"

让员工有工作饭碗的,不是企业领导,而是愿意购买该企业的商品或服务的广大消费者。这便是上述经营者的深层理念所在。

可纵观绝大多数企业,与顾客最贴近的员工往往属于最底层,而越是位于高层的干部,就越远离顾客。如此一来,"顾客至上"只能是句空洞的口号。

如今的亚马逊已是世界级的大企业。或许是为了不忘创业时的初心,直至今日,贝佐斯依然保留着可以收到顾客邮件的邮箱,而一旦发现来自顾客的邮件中有值得关注的内容,他便会在相应邮件中注明"?"(问号),然后转发给相关负责人。这"?"(问号)所包含的意思有"能调查一下这个问题吗""为何会出现这种情况?"等。

企业一旦做大,顾客的声音往往很难传达至经营管理者,可企业若想持续成长,最重要的一点正是"做贴近顾客的企业"。

WORDS OF JEFF BEZOS

31

以"有过之而无不及"的态度努力

要想做事成事，
就要在实践时具备"超标"的热情和韧劲儿。

在创立亚马逊之前，为了了解和学习与"卖书"相关的行业知识，贝佐斯曾参加过独立书店业内团体及全美图书销售业者协会主办的为期4天的"图书销售入门讲座"。

其间，时任该协会会长的理查德·豪斯讲了一个真实案例：有人因为自己停在书店门口的汽车被弄脏了而向书店抱怨投诉，于是书店把那个客人的汽车洗得干干净净，结果那个客人成了该书店的忠实客户。通过该案例，贝佐斯认识到，在服务顾客方面，没有"做过头"一说。鉴于此，他觉得既然要从事图书销售，就需要提供近乎"超标"的周到服务。这也使他越发坚定地决心"把亚马逊打造成为顾客提供世界一流服务的企业"。

此外，贝佐斯的祖父劳伦斯·普莱斯通·盖斯经营牧场，因此直至贝佐斯16岁，每个暑假，他都在他祖父的牧场里度过。其间，他学到了"有问题不靠别人"的"自立生存"的态度，以及充满热情和韧劲儿的劳动素养。

换言之，要想做事成事，就要在实践时具备"超标"的热情和韧劲儿。若能如此坚持，大多数情况下都能成功。这便是贝佐斯的经营哲学。

WORDS OF JEFF BEZOS 32

比起竞争，应追求更好

若拥有内在的改进动机（希望获得顾客称赞的意欲），
则企业的革新速度就不会放慢。

史蒂夫·乔布斯曾指出：一家企业若大获成功，并确立了优越的市场地位，其就会变得较难在该市场发起进一步的革新。而在体育界亦如此：一旦成为被誉为"绝对王者"的无敌选手，要想实现"更高更快更强"就会变得非常困难。究其原因，不管是企业还是个人，正是在与对手激烈竞争的"战斗"中，才会心生"追求进步"的意欲。

可纵观亚马逊的云服务"AWS"，其在已占有市场3成以上份额的压倒性优势下，却依然没有不思进取，反而不断推出最新的服务，且自启动云服务起，亚马逊就一直无视所谓的"业内常规"，降价了60多次。

明明不存在"必须与对手战斗"之类的"外部改进动机"，可亚马逊为何能如此持续改革？对于该理由，贝佐斯坚定地强调，"若拥有希望获得顾客称赞的意欲，则企业的革新速度就不会放慢"。

换言之，只要一直把顾客放在心上，新的点子和创意就会源源不断。

坚持改革,甩开对手

许多顾客是我们的忠实用户,
可一旦竞争对手能提供优于我们的服务,
则这种忠诚度就会即刻瓦解。

小仓昌男是"宅急便"这种小件快递服务的发明人，也是 Yamato 运输公司的原社长。他有句名言："无论多么优秀的服务，随着时间推移，也会变得稀松平常。"换言之，一家公司推出的服务或产品一旦取得成功，其他公司便会纷纷效仿。要想在商战中不断胜出，就不可满足于现状，而应不断推出更好的服务或产品。这一点最为关键。

再看贝佐斯，在争取新顾客方面，他自然一直在努力，但他更为重视留住既有顾客。为此，他要求员工站在顾客的立场思考"希望亚马逊为自己做什么"，并以此提供"顾客本位"的服务。

2012 年，当听到"Kindle 各型号的价格普遍过低"的质疑声音时，贝佐斯回应道："'与顾客建立可持续的关系'是我们亚马逊的商业模式'。"可见，"长期留住既有顾客，让既有顾客成为亚马逊的拥趸"正是他一直关心的事情。

即便打造出优秀的产品或服务，倘若懒于改革和进步，自己拥有的顾客也早晚会被竞争对手凭借更好的产品或服务夺走。鉴于此，贝佐斯一直致力于投资和改革，为的是在服务方面保持亚马逊的竞争优势。

WORDS OF JEFF BEZOS 34

弄清花钱的目的

对顾客很重要的事情上,
我们要舍得花钱,其他事情则要吝啬。
这才叫"节俭"。

2011年，亚马逊发售平板电脑产品"Kindle Fire"时，最初定价为199美元，这实属极低的价格。当被问到为何如此定价时，贝佐斯答道："我们亚马逊从没做过低成本高利润的生意。既然先前未奢侈过，现在也找不到理由奢侈。"对他而言，重要的是"在有利于顾客的事情上花钱"。为此，他一直告诫员工"杜绝浪费，勿要乱用资金"。

在贝佐斯创业初期，有一则广为人知的逸事。当时他去建材城买来做门的木板，然后自己用它做出了办公桌。而直到后来，亚马逊的办公桌都是这种清一色的"木板DIY"之物。至于其理由，贝佐斯答道："在对顾客重要的事情上，要舍得花钱，其他事情则要吝啬。"而亚马逊的DIY办公桌便是这般节俭的象征。

不仅如此，在贝佐斯看来，"节俭精神"还是"孕育钻研之心、自立之心和发明之心的源泉"。而丰田企业内部也有一句类似的名言："逆境才能出智慧。"的确如此，一个人在缺物、缺钱或缺时间的情况下，才会绞尽脑汁、拼命思考，从而生出智慧。总之，对贝佐斯而言，"节俭"便是如此重要。

WORDS OF JEFF BEZOS 35

应关注的并非对手，而是顾客

亚马逊没有所谓的"竞争对手企业一览表"。在制定战略时，倘若未能心系顾客、直面顾客，则即便一味关注竞争对手，也无法实现任何创造发明。

大多数企业往往会为了同业竞争对手的一举一动而劳心伤神。美国的知名投资家沃伦·巴菲特指出"商界有最危险的 5 个单词",它们是"Everybody else is doing it"(别人都在做)。可许多企业在现实中依然在犯这种"盲目跟风"的错误——以"别家在这么做"为由,自家也打算效仿。

可若如此持续跟风,便无可能在竞争中取得优势。反观贝佐斯,他重视和执着的是低价、最齐全的品类、便捷的配送。即旨在充实完善立足于"用户体验"的三大方面。优秀的顾客服务不是什么神秘的魔法。在贝佐斯看来,只要彻底做好顾客重视的事情(更低价格、更好商品、更快送达)即可。

此外,他还一直强调"在制定战略时,倘若未能心系顾客、直面顾客,则即便一味关注竞争对手,也无法实现任何创造发明"。如今,亚马逊的竞争对手遍布各行各业,但贝佐斯并不为对手们的动向而劳心费神。在他看来,应关注的并非对手,而是顾客。

WORDS OF JEFF BEZOS 36

顾客会给你答案

互联网行业的妙处在于,
对于"自己是否有犯错""自己如何改进"
之类的问题,
顾客会告诉你答案。

实体制造业的难点在于，即便花了很长时间准备（比如测试产品的耐久度等），以求万无一失，可唯有真正市售并被消费者使用一段时间后，其真实的问题才会暴露出来。

与之相对，诸如亚马逊之类的互联网服务企业在这方面则便利许多——通过公测，服务能在短期内被大量用户使用，于是获得的反馈也很快速，这使得对问题的"早发现、早解决"成为可能。而对于顾客的不满和改进要求，是否能够迅速应对并处理到位，便成了左右互联网企业信誉的关键。

还是拿亚马逊来说，当公司成立不久时，有80岁的老妇人发邮件抱怨"快递包装太难拆"，于是贝佐斯立刻命令员工予以改进；后来亚马逊开始售卖CD时，其网页上重点推荐的"必入金曲CD"被用户指责为"令人大失所望"，于是亚马逊立刻予以应对处理，最终把亚马逊的歌曲推荐单优化至完美。

用贝佐斯的话来说，互联网行业的妙处在于，"对于'自己是否有犯错''自己如何改进'之类的问题，顾客会告诉你答案"。可见，如何应对"顾客之声"是关键。它既是互联网行业的难点，也是互联网行业的妙处。

WORDS OF JEFF BEZOS 37

"报喜亦报忧"方为商道之正道

我们赚钱的手段并非卖东西,
而是在顾客作出关乎购物的判断时,
对他们提供帮助。

亚马逊全球首创的服务不在少数,而其中的典型则要数打破既有销售常识的"买家评价"。该功能允许购买了相应商品的顾客对该商品打分并自由描述感想。当然,这些评价有正面的,也有负面的,而贝佐斯则将它们全都展示在页面上。

对此,卖家们起初一片骂声。毕竟实体书店向来只有"读者推荐榜",而从无"读者批判文"。"尽量不想外传商品的负面信息"是卖家们的普遍心理,因此对于亚马逊登载买家差评的做法,他们觉得是"违背常识之举"。但贝佐斯坚持认为,唯有"好评差评"皆登,才是"利于顾客之举"。对此,他还有如下阐释:

"我们赚钱的手段并非卖东西,而是在顾客作出关乎购物的判断时,对他们提供帮助。"

而结果不出他所料,得益于上述"买家评价"功能,亚马逊赢得了顾客的深度信赖。

WORDS OF JEFF BEZOS 38

比起宣传，应先完善用户体验

当今时代，
企业必须把 70% 的时间、精力和资金用于实现好的用户体验，
剩下的 30% 用于广告宣传。

史蒂夫·乔布斯有句名言:"无论怎样宣传和打广告,都无法把失败产品变为热销产品。"换言之,唯有产品优秀,宣传才会奏效。

而贝佐斯的想法亦类似。他充分理解广告宣传的力量,但其有个不可或缺的大前提——基于好产品或好服务的好用户体验。

贝佐斯还说,在互联网兴起之前的"旧时代",企业往往只把30%的时间、精力和资金用于实现好的用户体验,而把剩下的70%用于广告宣传,可在当今时代,该比例已然逆转。换言之,无论如何巧舌如簧地大肆宣传,无论怎样采取"先招揽到顾客再说"的战略,只要产品或服务品质低下,就再也不会有回头客。

而亚马逊最为重视"对顾客的承诺"。哪怕仅仅是商品未能按日送达,也会损害顾客对亚马逊的信赖。所以说,重要的不是"巧妙宣传"的套路,而是"信守承诺"的态度。

可见,产品也好,服务也好,关键要实现好的用户体验,从而获得用户的广泛口碑。

WORDS
OF
JEFF
BEZOS

39

得口碑者得天下

在现实世界，不满的顾客平均会向 5 位朋友倾诉；

而在互联网世界，这份不满会传至 5000 人。

发达的互联网所带来的最大变化之一是传播力,信息的传播速度也好,信息的波及范围也好,都完全压倒以前。这自然使"好事传万里",可一旦企业的产品或服务出现问题,"公关危机"也会立马爆发。

美国的营销学家菲利普·科特勒曾说:"对商品满意的顾客,平均会把该商品的优点告诉3个人;而对商品不满的顾客,平均会把该商品的缺点告诉11个人。"而贝佐斯充分认识到,在互联网时代,相关的数量级已经完全变了。于是他把菲利普的这句话改至如下:

"在现实世界,不满的顾客平均会向5位朋友倾诉;而在互联网世界,这份不满会传至5000人,甚至是50000人。"

从当年亚马逊正式运营后不久,贝佐斯便立刻切身体会到了"用户口碑"的效果。由此,他认识到"绝不可令用户失望"。

换言之,在如今这个时代,一个人的"好评"可能会为企业带来众多新顾客,而一个人的"差评"也可能会导致企业的信用分崩离析。

吸引搜寻尖货的"猎人"

顾客所掌握的信息已趋于完美。
若卖家在制订商业计划时不能理解并考虑到这一点,则日后必会出现严重问题。

基于互联网的电子商务的确为卖家创造了便利,可也同时让顾客热衷于"四处比价"。2007年,由于谷歌崛起,传统媒体普遍陷入困境。当时,一家传统媒体公司的高管曾质问道:"谷歌究竟为这个社会贡献了什么?"对此,谷歌的创始人之一谢尔盖·布林作出了如下回应:

"人们如果掌握了正确到位的信息,就能作出更好的选择。"

这在购物方面亦如此。如果能立即获知价格等商品信息并搜索比较,消费者就能实现自己最为满意的购物。

对于顾客的上述行为趋势,亚马逊的一名股东曾问贝佐斯:"你不担心、不紧张?"对此,贝佐斯先承认"(对此)的确有点在意",但他接着说道:"电子商务的世界就是这样。顾客所掌握的信息已趋于完美。若卖家在制订商业计划时不能理解并考虑到这一点,则日后必会出现严重问题。"

换言之,在贝佐斯看来,既然顾客"到处货比货"已是常态,那么只要努力向他们提供"更好的商品、更便捷的服务、更低的价格"即可。

WORDS OF JEFF BEZOS

41

一切取决于与顾客的"触点"

顾客与亚马逊的触点无外乎网站和收到的图书而已。
若无仓库，则公司无以为继。

对自有仓库和物流网络的巨额投资，是亚马逊有别于其他购物网站的一大特征。

在亚马逊成立初期，贝佐斯曾考虑过"零库存"的商业模式，但不久后便改变主意，转而决定充实自家的物流和仓储实力。

至于理由，是因为他认识到"仓库才是亚马逊的生命线"。在仓库建成初期，他频繁前往仓库，还和员工一起进行分拣和打包等作业，并向他们解释"仓库工作对打造亚马逊品牌形象的重要性"。

要打造企业品牌，只靠广告宣传并不够。在营商领域，顾客与商品或服务接触的瞬间被称为"真实瞬间"。而正是这种与无数企业的短暂触点，决定了顾客是否信赖某企业乃至成为其忠实客户。同理，这样的短暂触点，也可能使企业失去来自顾客的信赖。关键在于，企业要坚持将这样的"触点"视为"向顾客兑现承诺的舞台"。

在亚马逊的配送服务因新冠肺炎疫情而发生拖延时，贝佐斯曾亲自前往各物流据点鼓舞员工，并投入了40亿美元的专用对策资金，从而解决了问题。从此事亦可看出，对于争取并维持顾客的信赖，贝佐斯是动真格的。

WORDS OF JEFF BEZOS

42

即便遭遇危机,也要守住自家优势

哪怕在公司成长碰到瓶颈时,

我们(亚马逊)也要维持现有的服务水准。

当业绩恶化，有的企业会实施所谓的"无禁区改革"（即敢于对任何环节和方面"开刀"，没有碰不得的地方。）。但要注意，有时即便是形势所需，可一旦做法有误，就有丧失最为珍贵的"顾客支持"之虞。

就拿亚马逊来说，虽然长期急速成长，可在 2000 年互联网泡沫破灭时，其也未能幸免。当时，亚马逊的股价贬值了 90%，一度成为赤字最为严重的互联网企业。2001 年，亚马逊裁掉了当时全体员工的 15%，高达 1300 人。

就连一直不惜砸钱的贝佐斯，当时也在致全体员工的邮件中说："今后要站稳脚跟，实现盈利。"可另一方面，对于堪称亚马逊生命线的"顾客服务"，他绝无要放松的意思，甚至还强调如下：

"哪怕在公司成长碰到瓶颈时，我们也要维持现有的服务水准。"

而他也的确说到做到——当时他在削减公司运营成本的同时，在丰富亚马逊的货品种类方面却切实地步步挺进，且致力于进一步提升服务质量。可见，坚决守住"顾客服务"这片"圣域"，是亚马逊后来恢复元气乃至成长为世界一流企业的原因。

WORDS OF JEFF BEZOS

43

顾客的要求是"改进的启示"

顾客总是对的。

对于顾客的要求和抱怨,是视为"棘手的麻烦",还是视为"改进的启示",会在很大程度上决定企业今后的前途走向。而贝佐斯认为"顾客总是对的",这使亚马逊不断打造出贴近顾客需求的产品和服务。

从亚马逊正式运营的第一天起,贝佐斯就致力于"尽可能满足顾客的要求"。比如将退换货的期限从"原则上15天以内"延长至"原则上30天以内"等。换言之,他并非让顾客来适应亚马逊的服务,而是让亚马逊去适应顾客的要求。

为此,贝佐斯致力于充实完善"售后服务"。他不仅为顾客提供各种联系客服的方式,而且赋予客服负责人较大的权限,使其能够一直为顾客提供最优服务。

制造商、卖家,以及作为买家的消费者,这三者的立场和逻辑总是互不相同。身为企业,不可只顾自己的立场和逻辑,不可一味牢骚"顾客不应太任性,要按照我们的规矩来",而要认为"顾客总是对的",从而不断努力改变自身。唯有这么做,才能赢得顾客的支持和信赖。

WORDS
OF
JEFF
BEZOS

44

立志成为模范企业

我想把亚马逊打造成"地球上最以顾客为核心的企业",
从而使其成为众多组织的模范。

在人的成长过程中，"模范典型"会起到关键作用。

2011年，史蒂夫·乔布斯去世当天，贝佐斯公开悼念，"对于珍视革新创造的所有人而言，今天是个非常悲伤的日子"，可见他对乔布斯的尊敬。不仅如此，他也和乔布斯一样，比起金钱和名誉，更为重视和秉持"通过优秀的服务和产品改变世界"的强烈使命感。

此外，贝佐斯还敬仰创办迪士尼的沃特·迪士尼，认为迪士尼是一家"具有宏大使命感的企业"，并希望把亚马逊也打造成这样的企业。

而在亚马逊已然成为巨型企业的如今，他的理念如下：

"比起仅关注自家私利的企业，我喜欢更具使命感的企业。我想把亚马逊打造成'地球上最以顾客为核心的企业'，从而使其成为众多组织的模范。"

可见，贝佐斯志在改变世界，而其手段不仅限于"通过优秀的服务和产品"，还包括"让亚马逊成为众企业的优秀楷模"。

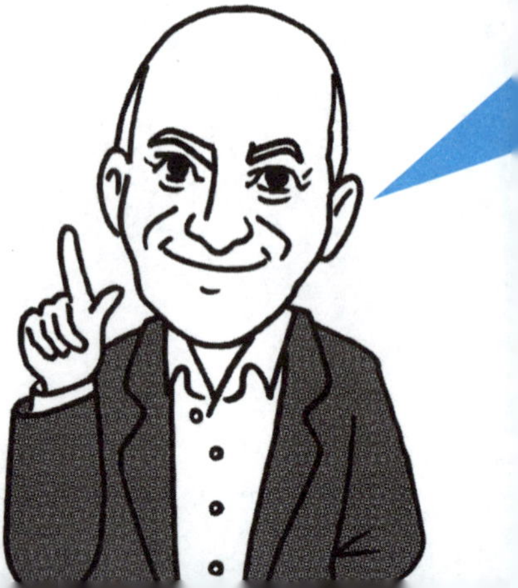

第五章 高瞻远瞩

WORDS OF
JEFF BEZOS

WORDS
OF
JEFF
BEZOS

45

革新创造少不了长期忍耐

在前行过程中,
必须做好耐心等待 5 年、7 年乃至 10 年的
准备。
可很少有企业能等 10 年。

索尼的创始人之一井深大有句名言："如果把研发成功所需的精力数值设为1，则试制成品所需的精力数值便是10，而将其商品化所需的精力数值可达100。至于要实现最终盈利，所需的精力数值更是高达1000。"许多大企业之所以难以革新创造，除了不舍得投入资金和人才，还缺乏较强的忍耐性。

再看亚马逊，其在开始运营的短短两年后公开募股，可谓迅速取得成功的企业。可在后来开发电子书阅读设备"Kindle"时，前前后后却耗费了很长时间。不仅研发用了两年多，而且在产品发售后，亚马逊依然坚持改进既有产品，推出新型号，并持续与各出版社开展艰难交涉，最终开辟出了"电子书时代"。对此，贝佐斯感言道："大企业以零起点的状态试图革新创造时，必须做好耐心等待5年、7年乃至10年的准备。可很少有企业能等10年。"

可见，革新创造需要时间、耐心以及资金。当然，失败的风险始终伴随，因此许多大企业不喜革新创造。可一旦最终取得成功，则能收获莫大成果。

46

眼光放远，方知不可能实为可能

一旦把时间轴拉长，

对于那些原来根本不愿染指的业务，

也会发现其前景。

日本国足原教练特鲁西埃曾说道："要组成一支国家足球队，不是简单找 11 个或者 22 个踢得好的人就能一蹴而就的。日本国足的球员，其实是这个国家长时间培养出的足球文化的产物，是从无数民间足球爱好者中提取出的精华。"

的确，体育竞技也好，科学研究也好，企业经营也好，往往都需要花时间，才能出成果。前面提到，贝佐斯做什么都讲究速度，但在开展业务方面，他则认为"计划应着眼于长期"。

对此，他曾说道："如果把工作和业务都放在 3 年的时间轴上考虑，则会与众多竞争对手为敌。可如果以 7 年的时长来看问题，那么'敌人'的数量就会减少。而像这样进一步把时间轴拉长，对于那些原来根本不愿染指的业务，也会发现其前景。"

就比如亚马逊新染指的宇宙开发、新能源开发等业务，至于何时能出成果，目前着实难以断言。但在贝佐斯看来，只要把眼光放远、充满耐心、坚持信念，则必能成功。

可见，"拉长时间轴"与"重视速度"一样，二者皆为企业在竞争中的有力武器。

WORDS OF JEFF BEZOS

47

不被外部评价所左右,专注于内部成长

哪怕在公司的股价不合理之时,
我们公司内部的一切还是在朝着正确的方向前进。

股价以及总市值是外部评价一家企业的标尺之一。如今的亚马逊总市值超过1兆6000亿美元（截至2021年1月末的数据），位于全球企业的顶尖行列。可在20多年前，其股价曾一度暴跌了90%多，可谓一段极为严峻艰苦的岁月。

当时的导火索是互联网泡沫的破灭。那时，亚马逊内部人心惶惶，一众股市投资者和分析师亦对亚马逊投来了严厉冷酷的目光。即便如贝佐斯这般人物，也不得不想方设法实施对策，从而证明亚马逊是一家"能够实现盈利的企业"。但与此同时，他也呼吁员工们"不要因为公司股价而时喜时忧，要专注于自己该做的事情"。

贝佐斯这么说是有理由的。当时，亚马逊的股价的确暴跌，但除此之外的业绩指标（比如用户数量等）都在上升。于是，他坚信"错的不是自己公司，而是股价"，并更为大力地充实完善顾客服务，最终使亚马逊重回成长发展的良性轨道。

企业一旦过于执着自身股价，就会趋于追求眼前利益。而对贝佐斯而言，重要的是长期的坚持，从而打造可持续发展的企业。

WORDS OF JEFF BEZOS 48

大业务源于小点子

新业务必须前景广阔、充满革新,
且体现出与竞争对手的差异。
但在最初起步时,大可"小打小闹"。

亚马逊推进新业务的方式与谷歌如出一辙，二者皆是"小团队模式"——公司内部存在许多团队，团队成员人数较少，而公司同时展开的项目总数则多达几百个。

在贝佐斯看来，这样的小团队才能激发员工的创造性，所以他讨厌"众人开大会"和"规模庞大的团队"。

因为他深刻认识到，无论多么大的业务，最初都源于小创意和小点子，它们逐渐成形，再通过反复的假设和验证，方能孵化为大业务。基于此，亚马逊并不单纯追随或模仿竞争对手，其重视的是"通过革新来实现业务差异化"。

但这样的业务并非一朝一夕能成。正因如此，关键要"先让小团队出点子，然后反复实验试错"。而一旦确信某个点子必有前景，就要为其提供更多资源，让中团队、大团队，乃至整个部门为之倾力。

大业务皆源于小点子。正因如此，企业应具备这种"重视小点子"的态度以及"把小点子孵化为大点子"的机制。

WORDS OF JEFF BEZOS

49

着眼于"3年后"而努力

我答道:"谢谢!
不过眼下这喜人的财季报表,
其实归功于3年前的准备。"

在相扑竞技的圈子里，有句话叫"日日苦练，乃为今后3年"。其意思是，相扑力士的强大实力并非一蹴而就，而是1年、2年、3年的扎实努力和坚持练习的结果。

营商领域亦是如此，没有人能突然收获巨大成功。就如飞机要靠较长的跑道才能一飞冲天，企业要实现飞跃，也必须通过脚踏实地的漫长努力。

贝佐斯的经营战略的特征之一是"眼光长远"。在他看来，一些业务虽然眼下无法立即盈利，但从3年后、5年后乃至10年后的长期角度看，其前景可期，于是大力培养它、做大它。这使亚马逊如今成为世界顶级的IT企业。对此，他曾有如下阐述：

"有一次，公司的财季报告发布后，朋友们纷纷祝贺我'干得漂亮！亚马逊这次的结算财报数字太优秀了'。对此，我答道：'谢谢！不过眼下这喜人的财季报表，其实归功于3年前的准备。'"

他所言不虚，比如亚马逊在2007年启动的电子书业务，2011年开始步入正轨。而如今，其几乎拿下了整个电子书市场90%的份额。

WORDS OF JEFF BEZOS

50

"不仓促、不松懈"方为高效

要想出成果，唯有"不仓促、不松懈"。我们不会用什么"短暂艰难之后就能轻松"之类的话来欺骗自己。

从高中时代起，贝佐斯就梦想成为宇航员。而在2000年，他启动了名为"蓝色起源（Blue Origin）"的宇航项目，旨在实现"安全低价的宇宙旅行"，可谓是他的圆梦之举。这个梦想可不得了，其等于要与NASA（美国国家航空航天局）展开竞争，把宇宙旅行带到民用领域。

而纵观迄今为止该项目的推进情况，其间贝佐斯经历了痛失无人航天器等惨重失败，但他依然毫不气馁，并强调"完成这项高难度的事业，正是我的使命所在"。而在当年上马"蓝色起源"航天项目之初，他便道出了如下决心：

"要想出成果，唯有'不仓促、不松懈'。我们不会用什么'短暂艰难之后就能轻松'之类的话来欺骗自己。"

不仅坚韧不拔地反复试错、不断完善，而且在实际推出之后仍认真地持续改进和改良——这便是贝佐斯干事业的特征之一。换言之，在他看来，若跳过必要阶段急于求成，则势必无法得到满意结果；反而不急不躁才能进展顺利，最终较早出成果。

可见，亚马逊的成功，其实源于"充满韧劲儿和耐心，一步一个脚印"的积累精神。

WORDS OF JEFF BEZOS

51

不当时代宠儿,志在基业长青

常在聚光灯下,
但不可被其所累。

大学毕业生希望入职的企业人气排行可谓时代的一面镜子。其中，有的企业今日人气依旧，可有的虽然在10年或20年前叱咤风云，可现在却跌出了"最佳100强企业"之类的排行榜，有的甚至早已不复存在。

大约10年前，谷歌原CEO埃里克·施密特列出了科技界的"4大旗手"——谷歌、亚马逊、Facebook（脸谱网）、苹果，即如今人们耳熟能详的"GAFA四巨头"。当时，有人问贝佐斯对此有何感想，尤其在谈及"微软不在这四巨头之列"时，贝佐斯说道："若把时间再往从前拉个10年，能位列这'四巨头'的会是哪些企业呢？这么一想，就能保持谦虚了。"他还接着阐述如下：

"常在聚光灯下，但不可被其所累，因为其稍纵即逝，绝不长久。"

换言之，贝佐斯认为，比起争当时代宠儿，更重要的是创造并持续提供顾客真正想要的服务。唯有如此，企业才能持续成长，基业长青。

WORDS OF JEFF BEZOS

52

有解决全部问题之策

在面对问题时,
我们(亚马逊)绝不顾此失彼,
而是会努力找到兼顾的解决方法。

在碰到问题时，人们的反应各不相同——有的会对问题视而不见，有的根本就没能察觉到问题的存在，有的试图解决却因没有对策而撒手不管，有的则满足于半吊子的解决方式……

而贝佐斯则有别于上述人群。正如他所言："在面对问题时，我们（亚马逊）绝不顾此失彼，而是会努力找到兼顾的解决方法。只要相信自己、坚持努力，就没有越不过的难关，没有走不出的迷雾。"换言之，坚持实验、发明和改进，直至真正满意为止。这便是他的作风。

反之，倘若不解决问题之根本，而只做表面或局部功夫，自欺欺人地走一步算一步，虽然在眼下能够蒙混过关，但最终会堆积成大问题，从而令顾客不满。为了避免这种情况，关键要在较早阶段把小问题解决到位。这么做看似费时费力且麻烦，但其实是最为切实有效的解决之策。贝佐斯从小就懂得"办法总比困难多"的道理，他坚信"没有解决不了的问题"。

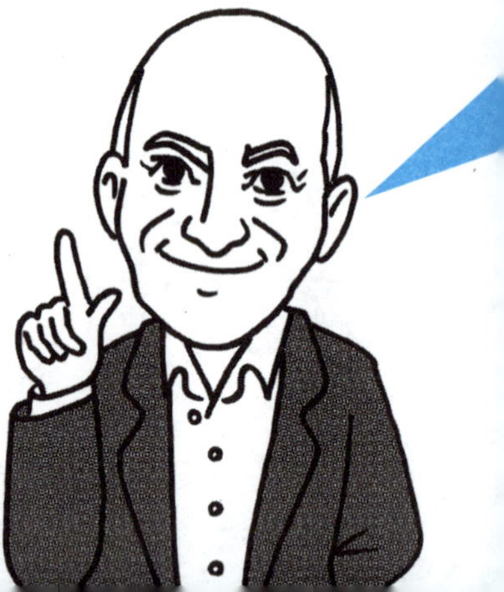

第六章 发展第一,利润第二

WORDS OF JEFF BEZOS

WORDS OF JEFF BEZOS

53

不要为了眼下而牺牲未来

创造利润并不难,
但同时也可能是愚蠢之举。

与营业额和利润相比,总市值高得出奇,这是亚马逊的特征之一。具体来说,在营业额方面,亚马逊大约只是"物流业巨头"沃尔玛的1/3;可论总市值,亚马逊却高于包括沃尔玛在内的9家美国大型零售商的合计市值。

对此,有人指出:"这也是贝佐斯的发明创造之一,他改变了华尔街评价企业的基准。"

1997年,贝佐斯理直气壮地对股东们宣布道:"创造利润并不难,但同时也可能是愚蠢之举。对于完全能够盈利的部分,我们将其再次投资于未来。让亚马逊网站现在就实现盈利,可谓最坏的经营决策。"不仅如此,直至今日,对于"亚马逊利润率低下"之类的批评,贝佐斯依然会用"提高利润率的准备已经做好,但我们同时在积极投资"之类的话回应,完全无意改变自己的方针。

换言之,比起眼前利益,贝佐斯更趋向于长期利益和企业发展。自创立亚马逊起,他最为重视的一直是"目光长远地作出判断"。

WORDS OF JEFF BEZOS 54

迅速成长，占据市场

厂商和品牌数不胜数，
可对消费者而言，真正有记住的价值的，
每个领域不会超过3家。

通用电气的传奇 CEO 杰克·韦尔奇曾力推"数一数二战略"（该战略要求通用电气在涉足的所有产业领域都必须成为"数一数二的市场领导者"。但凡做不到这一点的子公司或部门，就将它们整顿、关闭或者出售。）。而其背后的理由，则是"得市场者得天下"的思维。

再看贝佐斯，自创立亚马逊起，他就一直贯彻"尽早支配市场"的战略方针。为此，即便付出巨大成本，即便牺牲收益，他都在所不惜。他认为，一旦占据了市场先机，哪怕其他企业在嗅到互联网电子商务的商机后参与竞争，也无法轻易撼动亚马逊早早筑起的"根据地"。对此，他曾阐述：

"说到网球鞋品牌，大家能立马说出口的不外乎耐克、阿迪达斯和锐步。至于其他牌子，就很难想起来了。厂商和品牌数不胜数，可对消费者而言，真正有记住的价值的，每个领域不会超过 3 家。对于互联网企业，我觉得将来也是一样。"

企业是缓慢成长，甘于成为"路人品牌"？还是迅速成长，成为压倒友商的"巨人"？对这道题的正确解答，正是亚马逊能够成为业内"最强企业"的关键。

WORDS
OF
JEFF
BEZOS

55

要成长，须豪赌

当觉得有望主导市场时，
我们不会小打小闹，而是敢于投资。

但凡企业经营者，往往会劳神费心于"如何回报来自股市的期待"，但贝佐斯属于"异类"。他一直无视华尔街的意见和想法。

亚马逊于1998年上市，但贝佐斯当时便明确表示"企业上市后，亚马逊依然会坚持贯彻自己的方针"。

在写给普通股东的第一封公开信中，他如下阐述：

"当觉得有望主导市场时，我们不会小打小闹，而是敢于投资。

"若因畏惧大失败而一味进行四平八稳的投资，就等于工作不到位，就等于亏欠了各位股东的厚爱。"

这便是贝佐斯的"道理"所在。换言之，他要求股东们"亦要对失败有所预期"。

股市往往会基于眼前的利益得失对企业作出评判，但贝佐斯则希望股东们"根据企业长期的总市值情况来得出评价"。如今，得益于广大投资者和股东的期待，亚马逊的总市值冲上了云霄。

WORDS OF JEFF BEZOS

56

做企业不是为了投资家,而是为了顾客

投资家似乎很拼,拼的是看准企业价值;
我们亚马逊的全体员工也很拼,
拼的是努力工作。

投资家和分析师总是在拼命努力寻找"优秀的投资对象"。虽然个中基准因人而异，但"高收益、高股价、高成长"的"三高企业"始终是最为理想的对象。

从该层面来看，自互联网泡沫破灭以来，收益率先放一边，光看亚马逊对电子阅读设备"Kindle"的投入以及"AWS"在云服务市场的龙头老大地位等，就能看出其不断做大做强的势头。而投资家和分析师因此对亚马逊寄予厚望，也是理所当然。

若换作一般的企业经营者，面对如此的市场期待，往往会努力让各季财报成绩漂漂亮亮，从而拉动自家企业股价上扬。但贝佐斯却不同——他既无意回应市场期待，也无心执着数字报表，而是表态道：

"投资家似乎很拼，拼的是看准企业价值；我们亚马逊的全体员工也很拼，拼的是努力工作。"

贝佐斯的弦外之音是，做企业不是为了获得投资家和分析师的好评，而是为了顾客和用户。在他看来，决定一家企业好坏的并非投资家或分析师，而是广大顾客和用户。而亚马逊员工之所以拼命努力工作，为的正是顾客和用户。

WORDS OF JEFF BEZOS 57

比起眼前利益,更需做大业务

比起"小用户基数的高利润",

我们更看重"大用户基数的低利润"。

企业要在竞争中胜出，通常有两种战略。一是提高品牌力，销售价格高于竞争对手的"高品牌附加值产品"，从而获取高利润。二是彻底打磨价格竞争力，从而在产品售价低于竞争对手的同时，亦能充分确保利润。

苹果公司擅长前者，而贝佐斯则是后者的拥趸。在提升品牌力、打造卓越产品方面，他与乔布斯的理念一致，但在定价方面，他却极致追求低价廉价。就拿亚马逊于2011年发售的电子阅读设备"Kindle"来说，贝佐斯称其为"价格不精品的精品"。至于亚马逊的云服务"AWS"，更是降价过60多次，这基于他"以低廉价格提供最新服务"的一贯理念。

"精品卖精品价"的企业比比皆是，但"精品卖低价"的企业却寥寥无几。而亚马逊之所以成为这样的"异类"，其源于贝佐斯特立独行的思想和做法，即"比起眼前利益，更重视做大企业及确保与顾客用户关系的可持续性"。

WORDS OF JEFF BEZOS **58**

把亚马逊打造成"无所不卖"的平台

我们公司的战略,
是成为电子商务的最终目的地。

在创立亚马逊之初，贝佐斯曾认真探讨过"在网上卖什么"，最后他选择了卖书。而早在亚马逊正式运营了1年多，即1996年12月，他便以"进军图书以外的领域及方法"为主题，与公司同人认真展开讨论。当时，他已有如下见地：

"我们公司的战略，是成为电子商务的最终目的地。我们要打造一个平台环境，当网民想网上购物时，只要来我们网站，就能轻松淘到想买的东西。"

而在亚马逊继图书后开始销售CD及DVD时，贝佐斯进一步明确表示道："我们没把自己当成书店，也没把自己当成音像店。我们要成为的，是一个让人们能淘到自己想要的所有东西的平台。"

经手的商品一多，库存自然增加。当时，有员工提出异议，认为应该减少品类、压低库存。但贝佐斯无视这样的反对声音，并强调道，"就像人们知道'获取全球信息的最快渠道是谷歌'一样，我们要让人们认为'要想买到来自全球的各种商品，就上亚马逊'。"而他也一直在践行这条路。

WORDS OF JEFF BEZOS 59

鱼与熊掌就要兼得

在看问题时,
认为"利顾客"便是"损股东"的,
属于门外汉的想法。

按照华尔街的典型思维，企业的职责在于创造大量利润，并将它们回馈至股东。但贝佐斯却无视该理念。

2000年夏天，亚马逊股价骤跌，按照"常理"，此时正是其应该想办法盈利的时候，可对于当时即将出版发行的热门图书《哈利波特与火焰杯》，贝佐斯居然打出了"6折预售，正式发售日当天送达，且不额外加收运费"的促销活动。此活动使亚马逊实际收到的该书预售订单总计多达25万册。而其实每卖出一本，亚马逊就要亏几美元。对于此举，当时亚马逊的投资人面露难色，但贝佐斯毅然回应道："在看问题时，认为'利顾客'便是'损股东'的，属于门外汉的想法。"

到了该书正式发售日，预购的顾客当天就拿到了书，而且是以远低于书本定价的价格。对此，用户打心里感谢前来送货的快递员，而快递员们也因此对自己的工作心生认同感。不仅如此，亚马逊这般大方之举被各媒体大书特书，相关报道多达几百篇，这使得其公众形象急剧提升。可见，一时造成的赤字或许暂时对股东不利，但这般利于顾客之举，最终也利于亚马逊自身——其后来的股价蹿升至当时的100倍。

WORDS OF JEFF BEZOS

60

战在当下，心系未来

利润是企业的血液，
但非企业的存在理由。

在无数企业经营者中，能像贝佐斯那样因赤字而"自豪"并给"企业不盈利"冠以正大光明的理由的，恐怕寥寥无几。甚至在公开募股时，他亦毫不掩饰地坦言道："自亚马逊创立以来，公司一直背负着巨大损失，今后亦是如此，且说不定亏损率还会加大。"

一般来说，没人会愿意给这种企业投资，但贝佐斯强调"当下的损失，是为了将来取得巨大销售额和利润的战略"。他凭借这种"眼下不盈利的企业的广阔前景"以及"亏损的正当性"的理念和逻辑，最终说服了华尔街的一众投资人。

用他自己的话来说，"利润是企业的血液，但非企业的存在理由。就像人活着不是为了造血，但人失去血液便无法存活"。

换言之，对于利润的必要性，贝佐斯并未予以否定。但在他看来，真正的"利润"势必是"将来的利润"，而他并不打算为了"眼前的利润"而牺牲"将来的利润"。当然，创造"眼前的利润"亦非易事，但若过于重视它，便有损害"将来的利润"之虞。可见，作为企业领导，在为"眼前的利润"而战的同时，关键还要心系"将来的利润"。

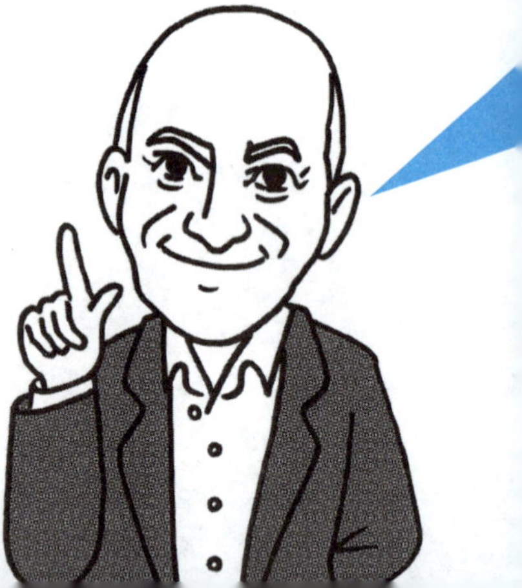

第七章 打造优良的企业文化

WORDS OF JEFF BEZOS

WORDS OF JEFF BEZOS **61**

成为保持"初创精神"的大企业

对我而言，

真正的课题是如何守住"Day1（初日）"的企业文化。

贝佐斯把公司总部的一栋大楼命名为"Day 1（初日）"，可见他对该理念的重视程度。纵观绝大多数企业，在创业初期，其经营者和员工往往能做到团结一心、艰苦奋斗。在该阶段，企业要做的事情很多，可资金等现实条件往往有限。在这般局限下，大家依然群策群力，迅速行动，拧成一股绳，从而创造出成果。

可随着公司取得成果并渐具规模，虽然在人才和资金方面有了富余，但许多企业丧失了最初行动敏捷的品质，也弱化了当年的初创精神，从而逐步沦为缺乏革新和吸引力的企业。贝佐斯把该状态称为"Day 2（次日）"。用他的原话来说，"Day 2（次日）是停滞，之后的 Day 3（第三日）是迷途，接着的 Day 4（第四日）是衰退，最后的 Day 5（第五日）则是死亡。"

因此，在贝佐斯看来，为了避免如此，亚马逊必须一直保持在"Day 1（初日）"的状态。在坐拥充裕资金和优秀人才的同时，大企业依然保持创业初期的热情和"初创精神"。这种"初创企业"与"大企业"特质的"混动"，正是贝佐斯心中理想的企业形态。

WORDS OF JEFF BEZOS 62

打造和维系企业文化

企业文化由三部分构成：

30% 是创始人心中的理想蓝图，

30% 是初期员工的品质，

剩下的 40% 则是偶然作用下的文化混合。

若仅以赚钱为目的，则企业无须企业理念和企业文化。但若企业家希望贡献社会、希望打造长受用户和顾客青睐并基业长青的企业，则需要将企业理念传递至公司的每个角落，并打造企业家所希求的企业文化。

就拿贝佐斯来说，他认为自己在亚马逊的职责之一是"维系企业文化"。其实自创立公司时起，他就把"打造自己理想的企业文化"视为目标，并在早期阶段一直重视"聘用认同自己理念的优秀人才"。在他看来，员工哪怕能力再高，若不认同自身所属企业的理念，最终只能成为企业成长的阻碍。

贝佐斯最为看重用户体验，因此当他发现有员工对该方面缺乏重视时，就会毫不留情地予以训斥。有时甚至会对一整个团队刻薄地吼道："你们全都给我消失！"

他认为企业文化是个很顽固的东西，一旦扎根，要改变极为困难。正因如此，构建优良的企业文化，并使其渗透至整个企业，可谓企业永续并不断成长的最关键要素之一。

WORDS OF JEFF BEZOS

63

拍板前提出异议

有异议大可提出,但在事情拍板后,就要全力执行。

"企业常有之事"之一，便是员工在会议上对决策表示"一致通过"，可一出会议室，立马有人开始提出异议。比如"刚才在社长面前我不好不赞成，可要是不增加预算，其实这事情很难实现""刚才领导都说到那个份儿上了，我只能表示赞成，可其实基层根本抽不出人手搞这个"等，大家七嘴八舌地私下发表异议。于是，即便相应的项目在会议上已然敲定，可到了正式实施时，员工们却并不百分百地认真对待，从而招致失败。

这种态度使任何"决定"都无法出成果，而且还令"决定"本身失去意义。为了杜绝这种情况，贝佐斯在明示亚马逊员工基本精神的《亚马逊领导力章程》中指出，"各部门领导在提出异议并最终认可后，就要全力执行，此乃关键"。

在贝佐斯看来，对于无法赞同的点子，各部门领导应"本着敬意提出异议"，而不可轻易妥协。但在集体拍板后，就要全力予以落实，这便是亚马逊的作风方针。

换言之，在决议过程中，亚马逊的做法和上述那些"反面教材"截然不同。在亚马逊，最终拍板之前，大家各抒己见、活跃发言，可一旦事情最终敲定，大家就必须彻底执行、实现目标。这便是亚马逊能创造这般巨大成果的秘诀所在。

WORDS
OF
JEFF
BEZOS

64

在人才方面不可将就，要增加"人才密度"

高水准才能够打动人。

Netflix 创始人里德·哈斯廷斯有句名言：企业要变优秀，需要的不是"人才总和"，而是"人才密度"。

顾名思义，对于所谓"人才总和"，只要招聘大量员工便能提升。可若要提高"人才密度"，重要的便不是"量"，而是招聘人才的"质"。而一旦周围同事尽是真正高质的优秀人才，则人自然会干劲儿十足，并在这种积极刺激下，感受到工作乐趣，并产出顶尖成果。

而贝佐斯在这方面的理念亦类似。自创业初期以来，对于人员招聘，他一直极为上心和讲究。对此，他的理由是"如果嫌专业人才工资开价高而聘用半吊子，到头来给公司造成的损失更大"。

纵观美国的 IT 企业，其普遍存在一种"精英集合"的人才观。换言之，这些企业认为，哪怕在 A 级人才中仅仅混入少许 B 级或 C 级人才，也会导致整个企业陷入"蠢货增殖"的陷阱。

高水准人才乐于与同样高水准的人共事，并乐于挑战高水准的工作任务。而贝佐斯亦遵循这种美国 IT 企业的文化背景，因而坚持招聘高水准人才，从事高水准工作，从而实现了亚马逊的急速成长。

WORDS OF JEFF BEZOS

65

不断提高人才录用的门槛

以已经录用的员工为基准,接下来招人时,要招比他们更优秀的。
长此以往,整个公司的人力资源便能不断优化。

在众多的美国 IT 企业看来，与普通的工程师和程序员相比，优秀的工程师和程序员所创造的成果是前者的数十倍。

贝佐斯的想法亦如此。早在亚马逊成立初期，他就已然表现出对人才之"质"的强烈执着。他所中意的人才无须"拥有大量的过往经验"，但要"善于专注、热爱工作、头脑灵活"。在他看来，经验太丰富或预备知识过多之人，有时反而会阻碍革新创造。

此外，"不害怕录用比自己优秀的人"亦是他的用人信条之一。在该信条下，他一直追求"更好的人才"，其理由如下：

"我以已经录用的员工为基准，接下来招人时，要招比他们更优秀的。长此以往，整个公司的人力资源便能不断优化。"

他还说道，对于今天被录用的员工，要让他们在工作了五年后深感幸运——"当年被（亚马逊）录用真是走运，按照公司现在的招聘要求，自己根本没戏"。

无法吸引优秀人才的行业和企业，其结果只能是走向衰退。而贝佐斯凭借对聘用优秀人才的极度执着，实现了亚马逊的急速成长。

WORDS OF JEFF BEZOS 66

相信世界能改变

若相信世界会改变,
则自然也能相信自己能够成为其中的参与者。

我曾拜读过教育评论家尾木直树的著作，他在书中提到，日本大学生将现状视为"无法改变之物"，当他对大学生说"社会能改变"时，他们极为惊愕。

对于当下所处的世界，个体是将其视为"可变"还是"不变"，最终会大幅影响其各种行为方式。

在面试应聘员工时，贝佐斯会要求应聘者"讲讲自己发明过的东西"，从而找出具备"乐于挑战新事物"之特质的人才。"获得'相信世界会改变'的人才"是贝佐斯的希望所在。至于背后的理由，他曾表示："一个人若相信世界会改变，则自然也能相信自己能够成为其中的参与者。"

凭借亚马逊，贝佐斯不但改变了人们的购书方式，甚至还改变了人们的阅读方式。而在其他诸多领域，他也在持续践行这种改变。如今，连想象"没有亚马逊的世界"都已经变得越来越困难。在贝佐斯看来，要想改变世界，首先要相信世界会改变，如此一来，便能切切实实地改变世界。

67

辛勤工作,创造历史

能超时工作,能拼命工作,能聪明地工作。在我们亚马逊,三者缺一不可。

在日本，政府出台的《工作方式改革意见》引起了公众对日本上班族超时加班现状的审视。可在大洋彼岸的美国，不少IT企业家却支持这种加班文化，比如亿隆·马斯克就公开表示"身为创业人士，就该如魔鬼般每周工作100小时"。而贝佐斯亦持同样观点。

贝佐斯酷爱口号。自创立亚马逊初期，他就在公司里张贴写有口号的海报，还把口号烫印在T恤上，让员工穿着这样的T恤。此举旨在让全体员工共有相同的思维方式。他提出的诸多口号中，有一条很有名——"辛勤工作，享受工作，创造历史"。

纵观创业期的亚马逊，员工们的工作状态完全与该口号一致。当时，公司没有专门负责打包的人，于是贝佐斯和员工们一起，每天为了打包图书而忙到半夜，可谓从早到晚拼命工作。而在用人面试时，他会问应聘者："对于每周工作60小时，你怎么看？"而如今，他在这方面越发"过激"，甚至对员工要求：

"能超时工作，能拼命工作，能聪明地工作。在我们亚马逊，三者缺一不可。"

换言之，要想创造历史，对于上述三点，就需要有全选的觉悟。

工作时不可心怀不满

从长远来看，若员工持续以不满情绪工作，
无论对员工自身还是对公司而言，
都是不健康的状态。

"在亚马逊上班"这句话意味着，一是做的事有意义，二是相应的酬劳也可观。但与此同时，伴随而来的是高强度和高压力的工作。因此有的员工抱怨"再也不想在这里干了"。为此，亚马逊出台了名为"辞职奖金"制度。该制度允许员工在一年内有一次主动提出辞职的机会，若利用这次机会辞职，则在辞职的同时，还能获得一笔额外奖金。

　　工龄不满 1 年的员工的该奖金额为 2000 美元，然后逐年递增 1000 美元，上限为 5000 美元。但在该制度文件的开头写道——"我们不建议广大员工行使该制度"，表明了公司"不希望员工辞职"的态度。那亚马逊为何要这么做呢?

　　对此，贝佐斯解释道，虽然希望员工们尽量不要辞职，但他也希望员工们能思考"自己究竟想要什么"。若对这份工作不满，则选择走人即可；若具备"在亚马逊承受高强度高压力工作"的觉悟，则选择留下即可。

　　人生是不断的选择，而上述制度体现了贝佐斯对员工的一种关怀。因为他深知"心怀不满地工作"或者"充满悔意地生活"皆绝非好事。

WORDS OF JEFF BEZOS 69

率先充当"问题捕手"

身为领导,
绝不可说出"这不是我的分管工作"之类的话。

当年，松下创始人松下幸之助有一次和某个部门的科长坐着轿车，去见外地的一个客户。途中，松下见到路边一栋大厦上的公司广告牌（当时松下还在用"National"这个品牌）文字有点褪色，变得不甚起眼儿。

于是他向同车的那名科长问道："你每天坐车驶过这条路，就没想过把那块广告牌整一整吗？"那名科长答道："广告牌不是我的分管范围。"对此，松下叱责道："既然你察觉了那块广告牌的问题，为什么不通知相关负责人修正？你这也算是松下的员工吗?!"

当发现问题时，人们自然会第一时间思考"谁该担责"。而当结论是"自己不用担责"时，是松一口气了事，还是不管谁担责，都决定"立马采取行动予以解决"？个中差别，直接体现了员工的素质。松下显然要求员工做到后者。而贝佐斯亦是如此，对于各部门领导，他要求"不可仅为了自己的团队，而要为整个公司着想和行动"。

换言之，在遇到问题时，无论责任在谁，都能视其为"自己的问题"而主动地想办法解决。这样的人，才能获得成长。

WORDS OF JEFF BEZOS 70

凭借"现地现物",看穿虚假数据

若所见所闻与数据相左,则前者往往更为正确。

亚马逊的企业特征之一，是在作出重要决定时"以数字为王"。换言之，无论主张什么，都不靠直觉或经验，而是以数据为依据，一切决策皆"重视数据"，而非"重视经验"。

但另一方面，贝佐斯亦强调"若所见所闻与数据相左，则前者往往更为正确"。数据这东西有时会根据取样或处理方式而出现浮动及变化。鉴于此，若一味迷信"数据绝对论"，有时恐有判断失误之虞。

据说有一家化妆品公司在会议上获得了基于数据分析的市场报告——"新品销路大好，旧品大可终止生产"。可该公司创始人后来亲自去各大卖场专柜走访后发现，不少营业员坦言"由于旧品库存几乎没有，出于无奈只得一味推销新品"，于是创始人最终叫停了"终止生产旧品"的决策。

可见，数据的确重要，但若企业领导缺乏观察现地现物并由此确认数据真伪的直觉力，则有作出错误判断的危险。

71
WORDS OF JEFF BEZOS

越是身处顺境,越要具备危机感

悲观大可不必,

但我认为必须保持危机感。

丰田公司时常强调"要有危机感"。企业达到一定规模后，当初创业时的紧张感往往会弱化，并且会趋于求稳求安。可其实这恰恰埋下了危机的隐患。

一旦企业真的陷入了危机，那时能采取的应对手段其实已很有限。为了避免该情况，必须居安思危，在安泰之时就要具备"健全的危机感"，不断审视和思考"是否存在问题""是否有改善空间"。唯有如此每日坚持改进，企业才能保持健全成长。

亚马逊在正式对外开展业务的短短两年后（1997年），便实现了公开募股。这可谓极大的成功。当时，对于趋于"心口大石落下"的公司员工，贝佐斯告诫如下：

"我们要学的东西还有很多。悲观大可不必，但我认为不可大意，必须保持危机感。"

在取得重大成果后，不管是个人还是企业，往往都有安心止步之势。但若能克服这种安逸情绪，保持"不可大意"的危机感，便能不断成长发展。

WORDS OF JEFF BEZOS 72

要竞争，就要拔得头筹

我倾听批评声音，

并认真思考自己想做什么。

最后决定要当领头羊。

"两面性"是贝佐斯经营哲学的特征之一——他通常对来自世间的猛烈批判毫不在意,但同时又会为了"让世间变得更美好"的目标而身先士卒。至于后者的集中体现,则要数贝佐斯于2018年10月宣布的"提高员工最低时薪"之政策。该政策于同年11月开始实施,惠及对象包括亚马逊在美国国内的25万多名普通员工以及10万多名临时工,时薪提高至15美元。该政策出台的背景是世间长期对亚马逊"逼迫员工从事低薪高强度工作"的批评之声。

15美元的时薪是美国法定最低时薪7.25美元的1倍多。这比商超巨头Costco的14美元时薪还高。此举不但是对一些依然在压低员工时薪的企业主的当头一棒,也是对参议员伯尼·桑德斯提出的《阻止"贝佐斯"法案》的正面回应。对于该涨薪之决策,贝佐斯曾坦言如下:

"我倾听批评声音,并认真思考自己想做什么。最后决定要当领头羊。对于该变革,我感到兴奋,并希望竞争对手和各大企业也随之跟进。"

面对"工资低"的批判,贝佐斯并未单纯息事宁人地仅仅把工资提高至"业内合理水平",而是志在"既然要做,干脆就做顶尖"。可见,他具备一口气将批判和危机扭转为赞扬的顽强意志。

WORDS OF JEFF BEZOS

73

优秀的企业文化才是能甩开其他公司的真正优势所在

竞争对手再怎么模仿,
也模仿不来我们的企业文化。

若企业在竞争中仅以"价格"为武器，则产品和服务会在转眼间被对手模仿和追随，从而被动陷入利润递减的价格竞争。而要想在竞争中保持优势，就需要打造能够催生出优秀产品或服务的企业体制和企业文化。

贝佐斯曾坦言"创业者在成立公司时，应旨在实现自身所理想的企业文化"。可见他对企业文化的价值理解得十分到位。

在创业之初，贝佐斯曾想把亚马逊打造成微软那样的企业，而二者的总部也都设在华盛顿。而在企业文化方面，他当时认为亚马逊应该是一家"充满紧张感，且同时令员工舒适自在"的企业。

后来，为了实现亚马逊的不断成长，持续的革新必不可少。于是贝佐斯觉得应该让"敢于挑战、不断创新"的文化在亚马逊扎根。对此，他有如下见解：

"竞争对手再怎么模仿，也模仿不来我们的企业文化。"

换言之，那些缺乏企业文化且只知抄袭的"山寨"企业即便能模仿竞争对手的产品或服务，但却永远无法实现革新。

WORDS OF JEFF BEZOS

74

梦想要宏伟,但做事要脚踏实地

应时刻把握重要之事。

贝佐斯对宇宙的憧憬可谓货真价实。可如果他只是想自己"去太空游一回",那凭借他的财力,简直是小菜一碟,但他的目标是"让宇宙旅行安全、低价又普及"。当有人问他"怎么实现",他回答如下:

"我觉得关键是'应时刻把握重要之事'。如果拿我们的'蓝色起源'宇航项目来说,重要之事便是成本和安全。换言之,真要让宇宙旅行普及,就唯有提升安全并降低成本。"

与宇宙旅行这般宏大的梦想相比,贝佐斯上述的实现手段颇为"质朴"。可正是这种踏实的做事态度,才成就了亚马逊今日的辉煌。同理,在贝佐斯看来,只要一步一个脚印地攻克"如何价廉且安全地去到外太空"的难题,就势必能达成目标。换言之,最重要的不是如何在与同行的竞争中胜出,而是让宇宙旅行真正"走进千万家"。

可见,要实现宏伟梦想,其实现手段并不必同样宏伟。只要认真踏实地努力解决真正对顾客和用户重要的课题,便没有达不成的宏大目标。

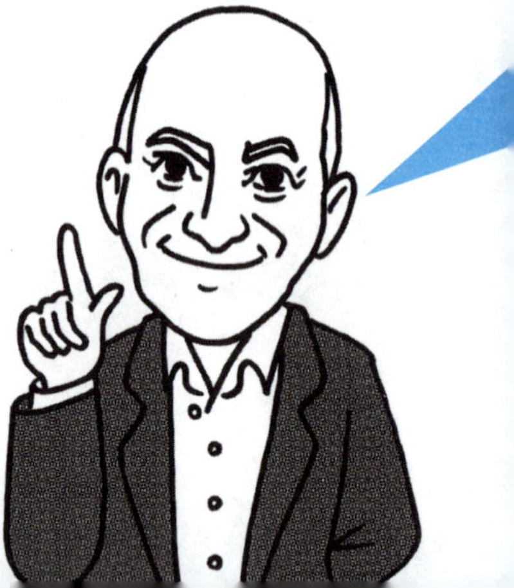

第八章 贝佐斯的人生观

WORDS OF JEFF BEZOS

WORDS OF JEFF BEZOS

75

给未来留下遗产

若趁现在吃苦铺路,
那么下一代年轻人或许在宿舍里便能创立致力于宇宙产业的大企业。

贝佐斯于2000年启动了名为"蓝色起源"的宇航项目，旨在研发低价运载火箭等。在该行业，其目前的竞争对手包括亿隆·马斯克的"SpaceX"公司等。但对于在竞争中胜出，贝佐斯并不太执着。与之相比，他更重视为将来人类的太空移民打下基础。

该理念源于对亚马逊创业成功的感恩之情。贝佐斯深知，若没有前人和一众企业让电脑和网络走进千家万户，若没有前人和一众企业构建起信用卡支付体系和物流网，就没有亚马逊的今天。在他看来，无论是亚马逊还是谷歌，以及马克·扎克伯格当年在哈佛大学宿舍里缔造的Facebook，这些企业之所以能取得成功，皆离不开上述"前人栽树"所打下的基础。

基于这种"报恩"之情，贝佐斯打算也为后人铺路，让将来的年轻人在宿舍里便能创立致力于宇宙产业的大企业。

人类成事，往往依靠前人的肩膀。鉴于此，当下的人们也有给子孙后代留下遗产的义务。

WORDS OF JEFF BEZOS

76

与谁交友，关乎一生

人生太过短暂，
没有时间和不值得尊敬的人打交道。

自创业之初，贝佐斯就为"如何提高新聘人才水准""如何保持员工队伍高素质"操碎了心。比如，在面试结束后的筛选讨论会上，贝佐斯会问面试负责人，"那名应聘者是否值得你尊敬？"

换言之，在贝佐斯看来，"有值得学习的亮点""有可为榜样的特质"乃是聘用新人的标准。

对此，他曾坦言道："我自己只会和值得尊敬的人共事。我要求员工们与人交往时也应树立这般严格的基准。人生太过短暂，没有时间和不值得尊敬的人打交道。"

这的确一直是贝佐斯的原则。在创立亚马逊之前，他在金融公司D.E.Shaw工作。而之所以会加入那家公司，是因为他当年觉得D.E.Shaw的总裁大卫·肖恩"头脑聪明"且"具备领导特质"，所以最终接受了那家公司的猎聘。而在异性关系方面，当年为了找到理想对象，他甚至制作了"交女友流程图（Women Flow）"，里面列清了各种"理想女友"的条件。

沃伦·巴菲特有句名言："和优秀者相处，自己也会获得提升；和无聊者相处，人生都会滑坡。"可见，与谁共事，与谁交友，可谓关乎一生。

WORDS OF JEFF BEZOS

77

唯有善解人意，才能让聪明的头脑真正发挥优势

总有一天你会明白，

比起聪明机灵，温柔待人更为可贵。

2010年，贝佐斯受母校普林斯顿大学的邀请，在该校那年的毕业典礼上演讲。其间，他讲到自己10岁时和祖父母一起坐着房车旅游时的一幕。他的祖母是个重度烟民，因此他很担心她的身体。在车上，他想起香烟广告上的健康提醒上写着"抽一支烟，平均会减少2分钟寿命"，于是他以此为依据，尝试心算祖母究竟折了多少寿。

经过一番复杂的心算，他得意地"忠告"道："祖母你吸了这么多烟，已经折损了9年寿命了哦。"他以为祖母会夸他头脑好、算术强，结果祖母突然大哭。祖父见状一时停车，然后对贝佐斯说了如下的话：

"我说杰夫啊，总有一天你会明白，比起聪明机灵，温柔待人更为可贵。"

聪明是生来的天资，而温柔和体恤则是自己的选择。贝佐斯坦言，经历了上述事情后，他认识到，唯有选择善解人意和亲切待人，天生的聪慧才能真正发挥作用。

要成事，聪明的头脑的确是武器。但若抱有"不惜伤害乃至牺牲他人"的心态，则聪明的头脑就成了凶器。进一步来说，唯有在善良和体恤的条件下，聪明的头脑方为真正的利器。

WORDS OF JEFF BEZOS 78

要判断准确，须睡眠充足

如果疲劳导致烦躁并可能最终影响判断的质量，
那么就有必要重新审视"削减睡眠时间"之举的价值。

亚马逊和诸多美国 IT 企业一样，其职场可谓"高强度高压力"。但对于睡眠时间，贝佐斯毫不凑合，他认为应该确保 8 小时睡眠时间，并表示"自己几乎每晚皆如此"，即把"早睡早起"作为自己的"优先事项"。

至于其理由，他说："多亏了早睡早起，自己变得更善于思考，且精力也强了，心情也好了。"对于真正要动脑子的判断决策，在始于上午 10 点的会议上进行；到了傍晚 5 点，就不再进行复杂思考，而是把未决问题留到明天——这便是贝佐斯的工作方式。对于超长时间的劳动，他质疑如下：

"如果疲劳导致烦躁并可能最终影响判断的质量，那么就有必要重新审视'削减睡眠时间'之举的价值。"

至于亚马逊的员工们是否都能保证 8 小时睡眠，的确要打一个问号。但贝佐斯自己的确从很早开始就是"8 小时睡眠"的倡导者。有些专家还说："一个人每天真正能全神贯注高效工作的时间只有 4 小时。"倘若如此，那些每天超长时间工作的人或许应该自问："自己每天高质高效工作的时间究竟有几个小时？"

WORDS OF JEFF BEZOS 79

习得还不够，要有能力创造

在这个自动化的便利时代，
许多工作的操作技能一旦学会，
只要按动开关即可。
因此真正必需的，其实是思考力。

有这么一则故事。一个人问学生:"你在学什么专业?"学生答道:"计算机。"那人再问:"能具体点吗?"学生又答道:"比如 Excel 和 Word 的使用方法之类的。"于是那个提问者大失所望。至于其理由,是"比起学习如何使用既有工具软件,(提问者)希望(学生)能有所创新"。

再说回贝佐斯,他打小就是一个酷爱组装和捣鼓机械的少年。他组装 Heathkit(Heath 公司出品的需用户自行组装的电器产品)的入门级无线步话机,还动手改造自家的老式吸尘器……

12 岁那年,母亲不给他买他想要的"无限魔方"(由 8 个立方体构成的智力玩具),于是他尝试以远低于其售价的成本自己做出来。谈到这些,贝佐斯曾感言如下:

"在这个自动化的便利时代,许多工作的操作技能一旦学会,只要按动开关即可。因此真正必需的,其实是思考力。"

换言之,最为理想的,其实是"自我思考,自主创造"的能力。比起"阅读操作手册后懂得如何按键操作"的习得力,该能力重要得多。

WORDS OF JEFF BEZOS 80

坚信人类所具备的"知性力"

你们这代人将会成为科学技术快速发展的见证者。

贝佐斯是"人类知性"的信奉者。他坚信，人类若以自身的知性为武器并坚持研究、不断迈进，终能取得惊愕自身的巨大成果。

2010年，在母校普林斯顿大学的应届毕业典礼上演讲的他，对在座的学生们讲道，像马克·吐温、儒勒·凡尔纳和艾萨克·牛顿这些历史上的伟人，想必都希望能活在我们这个时代。他还如下激励当时在座的学生们：

"你们这代人将会成为科学技术快速发展的见证者。"

至于人类今后会有哪些前所未有的发明突破，贝佐斯举了一些具体的畅想例子，包括大量生成绿色能源的技术、能嵌入细胞并修复细胞的微型装置，以及能合成生命的科技等。

他的这番话令人相信"人类所能想象到的事情，几乎早晚能在将来一一实现"。至于究竟"何时"，的确说不准，但基于他的"长远眼光"，我们可以坚信，人类的梦想几乎都可成真，而人类也的确具备相应的能力。

参考文献一览

1.《一键下单》

[美]理查德·勃兰特著,井口耕二译,滑川海彦解说,日经BP社

2.《亚马逊.com》(原版书名为《Amazon.com : Get Big Fast》)

[美]罗伯特·斯佩克特著,长谷川真实译,日经BP社

3.《贝佐斯传——贝佐斯及无边界的亚马逊》

[美]布拉德·斯通著,井口耕二译,滑川海彦解说,日经BP社

4.《创造亚马逊的杰夫·贝佐斯》

[美]詹妮弗·兰道著,ARAFU工作室译,中村伊知哉监修,岩崎书店

5.《创新者的基因》(*The Innovator's DNA*)
[美]克莱顿·克里斯坦森、杰夫·戴尔、赫尔·葛瑞格森著,樱井祐子译,翔泳社

6.《杰夫·贝佐斯如是说》
[美]斯蒂文·莱维著,若林惠译,康泰纳仕集团(Condé Nast)日本分部

7.《贝佐斯致股东的信》
[美]史蒂夫·安德森、卡伦·安德森著,加藤今日子译,繁星舍

8.《东洋经济周刊》
2012年12月1日刊,2016年3月5日刊,2017年6月24日刊,东洋经济新报社

9.《Newsweek》
2017年9月5日刊,CCC Media House

附录　杰夫·贝佐斯箴言

序号	箴言
1	我们必须做的，是替用户创造发明。
2	公司内产生创意的过程其实焦灼艰辛，灵感并非诸如"灯泡啪地一亮"的瞬间，在脑中闪现。
3	不经穷途末路，何来革新。
4	人趋于简单方便，越是轻松愉快的事，就越愿意去做。
5	没人规定书这种东西必须永远通过砍树、制纸、印刷的流程来生产。
6	凡是"低效率的大规模行业"，就有商机存在。
7	如果将实验次数从100次增至1000次，那么实现革新的概率也会大为增加。

(续表)

序号	箴言
8	能够接受"推新除旧",是我们的最大优势。
9	企业往往有所谓"习惯做法",故而对"新的方式方法"较难适应。
10	我们与其他公司的最大不同在于对"失败"的看法,我们也许是"全世界最适合制造失败"的公司。
11	亚马逊网站曾经历数次失败,损失达数十亿美元。失败绝非乐事,但也非世界末日。
12	不持续实验的企业,不容忍失败的企业,最终会陷入绝望境地。
13	天平的一端如果是效率,那么另一端就该是盲目。
14	所谓巨大风险,其实也是作为大企业的我们向用户和社会所能付出的一部分。
15	许多企业并未经历过痛苦时期,从该意义层面看,它们尚未通过考验。
16	在商业领域中,经常有人问"为何要这么做"。既然如此,那么"为何不能这么做?"的提问亦有同样的正当性。
17	一旦做好了失败的心理准备,心态就能放松。
18	我很看好这项新科技。至于它究竟如何,请看了实物再说。
19	洋溢着"敢于挑战尝试"之精神的企业文化令人欣喜。

(续表)

序号	箴言
20	若决定的结果不尽如人意,则大可不必一直承受该结果。重新开门走回原处即可。
21	一般来说,只要获得了所求信息的七成,大概就已是应作决定的时候了。若等到信息增至九成,基本上为时已晚。
22	我们公司不用PPT演示,而是用6页以内的叙述性文档。
23	当今时代,"10分钟"已是较长的时间。
24	从20世纪后半叶起,就有人提出"时间是最为宝贵的资源"。而我一直是该理念的践行者。
25	现实绝无可能完全如计划般顺利。但通过将计划付诸文字的训练,自己的思维和心态便能获得梳理,还能舒畅心情。
26	在亚马逊,唯有准备到位后,才会启动新业务。
27	既然年成长率已高达2300%,就必须立即行动。这种"紧迫感"是最重要的优势。
28	对愿景要顽固坚持,但对细节要灵活弹性。
29	48小时就应该能完成了。这是我的命令,着手去实现吧。
30	直到现在,我依然保留着可以收到顾客邮件的邮箱。
31	要想做事成事,就要在实践时具备"超标"的热情和韧劲儿。

(续表)

序号	箴言
32	若拥有内在的改进动机（希望获得顾客称赞的意欲），则企业的革新速度就不会放慢。
33	许多顾客是我们的忠实用户，可一旦竞争对手能提供优于我们的服务，则这种忠诚度就会即刻瓦解。
34	对顾客很重要的事情上，我们要舍得花钱，其他事情则要吝啬。这才叫"节俭"。
35	亚马逊没有所谓的"竞争对手企业一览表"。在制定战略时，倘若未能心系顾客、直面顾客，则即便一味关注竞争对手，也无法实现任何创造发明。
36	互联网行业的妙处在于，对于"自己是否有犯错""自己如何改进"之类的问题，顾客会告诉你答案。
37	我们赚钱的手段并非卖东西，而是在顾客作出关乎购物的判断时，对他们提供帮助。
38	当今时代，企业必须把70%的时间、精力和资金用于实现好的用户体验，剩下的30%用于广告宣传。
39	在现实世界，不满的顾客平均会向5位朋友倾诉；而在互联网世界，这份不满会传至5000人。
40	顾客所掌握的信息已趋于完美。若卖家在制订商业计划时不能理解并考虑到这一点，则日后必会出现严重问题。
41	顾客与亚马逊的触点无外乎网站和收到的图书而已。若无仓库，则公司无以为继。

(续表)

序号	箴言
42	哪怕在公司成长碰到瓶颈时，我们（亚马逊）也要维持现有的服务水准。
43	顾客总是对的。
44	我想把亚马逊打造成"地球上最以顾客为核心的企业"，从而成为众多组织的模范。
45	在前行过程中，必须做好耐心等待5年、7年乃至10年的准备。可很少有企业能等10年。
46	一旦把时间轴拉长，对于那些原来根本不愿染指的业务，也会发现其前景。
47	哪怕在公司的股价不合理之时，我们公司内部的一切还是在朝着正确的方向前进。
48	新业务必须前景广阔、充满革新，且体现出与竞争对手的差异。但在最初起步时，大可"小打小闹"。
49	我答道："谢谢！不过眼下这喜人的财季报表，其实归功于3年前的准备。"
50	要想出成果，唯有"不仓促、不松懈"。我们不会用什么"短暂艰难之后就能轻松"之类的话来欺骗自己。
51	常在聚光灯下，但不可被其所累。
52	在面对问题时，我们（亚马逊）绝不顾此失彼，而是会努力找到兼顾的解决方法。

(续表)

序号	箴言
53	创造利润并不难,但同时也可能是愚蠢之举。
54	厂商和品牌数不胜数,可对消费者而言,真正有记住的价值的,每个领域不会超过3家。
55	当觉得有望主导市场时,我们不会小打小闹,而是敢于投资。
56	投资家似乎很拼,拼的是看准企业价值;我们亚马逊的全体员工也很拼,拼的是努力工作。
57	比起"小用户基数的高利润",我们更看重"大用户基数的低利润"。
58	我们公司的战略,是成为电子商务的最终目的地。
59	在看问题时,认为"利顾客"便是"损股东"的,属于门外汉的想法。
60	利润是企业的血液,但非企业的存在理由。
61	对我而言,真正的课题是如何守住"Day1(初日)"的企业文化。
62	企业文化由三部分构成:30%是创始人心中的理想蓝图,30%是初期员工的品质,剩下的40%则是偶然作用下的文化混合。
63	有异议大可提出,但在事情拍板后,就要全力执行。
64	高水准才能够打动人。

（续表）

序号	箴言
65	以已经录用的员工为基准，接下来招人时，要招比他们更优秀的。长此以往，整个公司的人力资源便能不断优化。
66	若相信世界会改变，则自然也能相信自己能够成为其中的参与者。
67	能超时工作，能拼命工作，能聪明工作。在我们亚马逊，三者缺一不可。
68	从长远来看，若员工持续以不满情绪工作，无论对员工自身还是对公司而言，都是不健康的状态。
69	身为领导，绝不可说出"这不是我的分管工作"之类的话。
70	若所见所闻与数据相左，则前者往往更为正确。
71	悲观大可不必，但我认为必须保持危机感。
72	我倾听批评声音，并认真思考自己想做什么。最后决定要当领头羊。
73	竞争对手再怎么模仿，也模仿不来我们的企业文化。
74	应时刻把握重要之事。
75	若趁现在吃苦铺路，那么下一代年轻人或许在宿舍里便能创立致力于宇宙产业的大企业。
76	人生太过短暂，没有时间和不值得尊敬的人打交道。

(续表)

序号	箴言
77	总有一天你会明白，比起聪明机灵，温柔待人更为可贵。
78	如果疲劳导致烦躁并可能最终影响判断的质量，那么就有必要重新审视"削减睡眠时间"之举的价值。
79	在这个自动化的便利时代，许多工作的操作技能一旦学会，只要按动开关即可。因此真正必需的，其实是思考力。
80	你们这代人将会成为科学技术快速发展的见证者。

精进笔记

精进笔记